… A Jack Trout e Al Ries, padri del brand positioning.

"Il bivio è sempre tra compiere una scelta o essere la scelta".

Anonimo

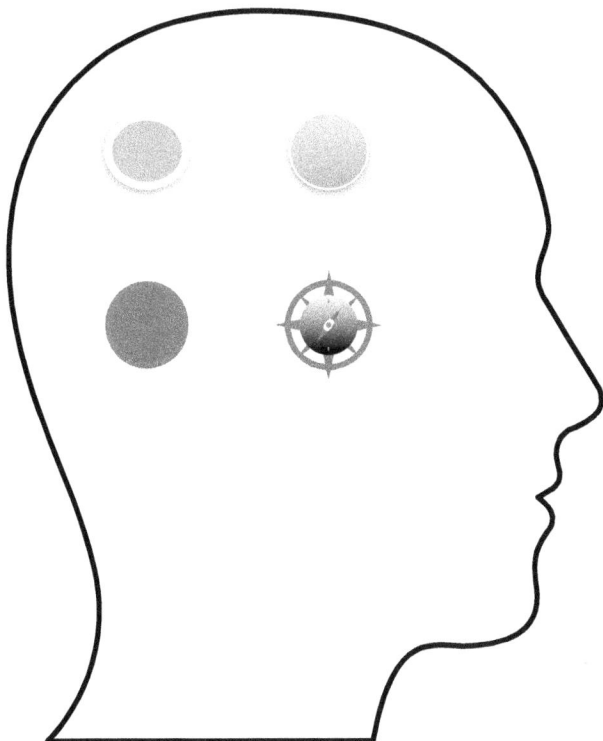

« Possiedi un brand quando il
nome del tuo studio
significa qualcosa di
specifico nella
mente del tuo paziente »

Corrado Lagona

Markedonzia (R)
Vol.2
"Da studio dentistico a brand odontoiatrico"

LEVA
EDIZIONI

ISBN-13: 978-8894350012

ISBN-10: 8894350010

Rev.01

Indice

PREFAZIONE

Quando Corrado ci ha chiesto di scrivere una prefazione per il suo secondo libro, focalizzato sull'idea di brand per l'odontoiatria, ci siamo detti, ecco che finalmente anche il marketing per questo settore sta capendo quale dovrebbe essere il nostro ruolo nella società nell'immediato futuro.

Il dentista oltre ad essere un professionista specializzato nell'ambito odontostomatologico, nel tempo dovrebbe ambire a diventare una firma alla stregua di quelle della moda o dell'arte.

Il nome del dentista e/o dello studio, all'interno del confine territoriale in cui si opera, dovrebbe essere sinonimo di qualità, esclusività e garanzia di cure di alto livello.

Per questa ragione siamo da anni fautori di un modello di studio dentistico che possa rivolgersi in prevalenza a un pubblico interessato a ciò che facciamo, ovvero pazienti disposti a ricevere le migliori cure attraverso metodi e materiali innovativi che permettono all' odontoiatra di esprimere il massimo del suo potenziale.

Il clinico di oggi va inteso come un professionista che risolve problemi da un lato e un artista capace di ricreare armonia nel sorriso di una persona dall'altro.
Il problema è coniugare questi due aspetti affinchè questo intento non diventi uno stress per il paziente e per il professionista che inevitabilmente renderebbe l'obiettivo meno raggiungibile.

Fare propria questa filosofia ha permesso a noi di guardare all'odontoiatria con occhi differenti e parallelamente ci ha conferito una grande forza d'animo per trasferire questa visione anche ad altri colleghi.

Style Italiano è nato proprio perché abbiamo deciso di trasferire al resto del mondo il modo di fare odontoiatria secondo degli standard d'eccellenza, degni del significato che Made in Italy rappresenta nel mondo.

Guarda caso, come descritto ampiamente in questo libro, facendo le cose in maniera differente rispetto alla massa, si è costruita una community con oltre cento mila persone che guardano all'odontoiatria con la stessa nostra visione.

Insomma la nostra "idea differenziante" ha permesso, nel tempo, di creare il brand Style Italiano e di accogliere tra le nostre fila tutti quei professionisti animati dalla nostra stessa voglia di cambiare le regole del gioco e alzare l'asticella di volta in volta.

Non si tratta di un miracolo ma solo di compiere le scelte giuste e avere il coraggio di portarle avanti anche se all'inizio potrebbero sembrare impopolari o possono prestare il fianco a facili critiche a parte dei soliti.

Il non essere tutto per tutti rappresenta una via di salvezza per lo studio generalista, auguro ai colleghi che si apprestano a leggere questo libro di pensare a questa possibilità in maniera proficua e con un approccio laico e privo di preconcetti.

Walter Devoto & Angelo Putignano

Premessa: Cos'è un'idea differenziante?

E' oramai uso comune, quando si parla di marketing, utilizzare delle espressioni tipo "sii differente e non meglio".

Attraverso il libro Markedonzia ho forse sdoganato per la prima volta di fronte ai miei lettori odontoiatri, il fatto che sostenere il principio di qualità risulta essere una strategia perdente.

Comunicare che hai un'alta qualità non serve a niente, anzi ti uniforma a tutti i tuoi colleghi che comunicano e vantano la stesso identico pregio.

Il motivo è prettamente legato alla comunicazione. Oggi più che mai bisogna essere polarizzanti, ovvero bisogna possedere un unico concetto che sia quanto più distante possibile da quello sostenuto dai concorrenti. Nella tua comunicazione devi lavorare su concetti esattamente contrari rispetto a quelli comunicati dagli altri.

Hai la "fortuna" che l'odontoiatria risulta ancora un mercato in cui questi principi di marketing non sono ancora del tutto attecchiti, anzi molto spesso denoto proprio ritrosia verso questo argomento da parte dell'odontoiatra medio. Quindi di fatto si tratta di un terreno quasi vergine.

Capita infatti di confondere l'etica con il puro scambio di beni e servizi.

Il mercante, fin dai tempi biblici, viene visto come una persona senza scrupoli che mette davanti a tutto i suoi interessi economici e darebbe in cambio la propria madre per essi. Il denaro per la religione cristiana[1] è lo sterco del diavolo, per cui è insito in ogni persona di cultura latina, la forma mentis per cui chi baratta, vende e gestisce degli affari, non ha un lavoro degno e deve per forza di cose accettare il compromesso.

La situazione viene aggravata dal fatto che negli ultimi decenni la condizione socio-politica italiana è stata fortemente compromessa da personaggi che fanno a cazzotti con l'etica e che degli affari hanno fatto un puro abito per gestire invece il malaffare.

Ma questo è un altro discorso.

---

[1] Se guardi la vicenda con gli occhi del marketing sarai sorpreso di scoprire che anche questa "scelta" usata dal cattolicesimo deriva da un'attenta conoscenza del posizionamento. Se ci fai caso infatti, punta esattamente verso il principio contrario rispetto alla religione concorrente: l'ebraismo. Fede in cui una buona gestione del denaro è addirittura un precetto.

L'etica professionale è completamente separata da quanto guadagni, da quanti pazienti servi al mese e da che auto guidi.

Puoi essere un eccellente professionista dal punto di vista clinico e non guadagnare quanto meriti (e ce ne sono a bizzeffe).

Potrai essere un medico non eccelso ma essere in grado di gestire un'attività molto bene e curare i pazienti con etica e professionalità.

C'è un problema di fondo in tutto questo aspetto. La comunicazione che i medici fanno, di solito sembra che abbia come target i dentisti stessi.

Mi spiego meglio.

Voi dentisti quando comunicate, sembra che non stiate parlando ad un paziente, ma ad un medico, dicendo e mostrando cose che solo un medico riuscirebbe a comprendere.

Ti sfugge che i pazienti non ti misurano sulla quantità di concetti clinicamente aulici che riesci ad esprimere.

Pertanto bisognerebbe mettersi nei loro panni e comunicare al loro livello, con esempi basici e che possano essere compresi anche da un bambino di dieci anni.

Invece molti dentisti danno tutto per scontato andando dritti con termini tipo: corticale, osteointegrazione, riassorbimento, granuloma, vite di guarigione, eccetera.

Chi vince in questa battaglia?

Vince chi attrae - comunicando in maniera semplice - il proprio paziente tipo, grazie da un messaggio unico, continuo e quanto più distante possibile dalla concorrenza.

Il messaggio polarizzante

Se comunichi in direzione opposta rispetto a qualcun'altro, ciò che otterrai sarà un effetto terremoto.

In pratica si produrrà un solco che ti separerà dai concorrenti e che si porterà dietro anche parte dei pazienti.

Questo nasce dall'assunto che "non si puo' piacere a tutti".

Oggi non piaci a tutti. Anzi probabilmente piaci a pochi.
Ma tu non pesti i piedi a nessuno, ti fai i fatti tuoi e non te ne accorgi.

Ecco, dovremmo uscire da questa mentalità.

Chi comunica si espone.
Espone le proprie tesi e dice la sua.
Queste idee ovviamente non possono essere condivise da tutti, di conseguenza avrai - come accade nella vita reale - chi sarà d'accordo con te e chi non lo sarà.
Questa si chiama "idea polarizzante".
Più l'idea è diversa rispetto al pensiero comune, più l'effetto frattura sul terreno sarà evidente.

Il tuo obiettivo dovrebbe essere quello di creare una frattura molto vistosa che possa separarti il più possibile dalla filosofia che porta avanti la concorrenza.

Ciò ti renderà in automatico diverso e visibile agli occhi dei pazienti. Sarai un faro nella notte con una personalità e una direzione che gli altri difficilmente avranno.

Se lavori in un mercato già maturo, dove esiste già un leader e un anti-leader (ovvero chi comunica già il contrario rispetto al leader), beh, la scelta migliore è quella di lavorare ai fianchi e comunicare un'idea differenziante inedita e orientata a colpire un micro target ben preciso. Ma di questo te ne parlero' più avanti.

Quello su cui invece voglio persuaderti è che il concetto di qualità non è spendibile nel marketing.
Il motivo è legato all'idea polarizzante che abbiamo citato in precedenza.

Qualunque idea di cui non possiamo affermare il contrario, non è spendibile.

Non troverai mai un concorrente che comunicherà di non svolgere un lavoro di qualità. Come non troverai mai un concorrente che affermerà che il suo studio non è pulito.

Accetta di non essere perfetto. Per comunicare in maniera efficace devi lasciare scoperto un fianco.
In questo modo si tenderà ad ottenere una comunicazione in cui saranno presenti due poli in cui il nostro target sarà letteralmente spaccato a metà e suddiviso tra i sostenitori della nostra tesi e i sostenitori della tesi opposta.

Questo concetto, insieme al concetto di concorrenza che tanto viene rifiutato dalla categoria dei dentisti, è uno dei punti cardine di una comunicazione efficace.

Nonostante io ne parli ormai da anni, trovo ancora delle ritrosie verso questi argomenti. Ma in fondo, anche questo fa parte del grande gioco della polarizzazione.

Non ti nascondo che in seguito alla lettura del primo volume di Markedonzia, qualche odontoiatra ha avuto come un illuminante risveglio e ha deciso di punto in bianco di prendere in mano la sua attività di studio dentistico, tentando in ogni modo di trasformarla in un brand riconoscibile. Talvolta anche attraverso il mio aiuto diretto.

Il lavoro principale su cui si organizza l'operato di uno studio dentistico che ambisce a questo risultato è senza dubbio la differenziazione.

Lo scoglio più grande da superare inizialmente è quello di trovare un angolo d'attacco unico e rilevante che permetta di distinguersi dalla concorrenza e di determinare una nuova categoria nella mente del nostro paziente tipo.

A volte si tratta di un lavoro estremamente faticoso dove tocca sputare lacrime e sangue ribaltando completamente quello che è il modello di business dello studio in esame.

Il Modello di Business

Ma di cosa stai parlando Corrado? Modello di business? Per me questo è arabo.

E ti do ragione, anche per il tuo paziente parli arabo quando gli racconti l'intero tomo di chirurgia orale per portarlo alla chiusura del preventivo, ma io sarò più indulgente e ti spiegherò per filo e per segno cosa intendo dire.

Il modello di business non è altro che il modo in cui un'attività produce reddito.

Il modello di business del dentista è quello di curare i denti a chi bussa alla porta del suo studio; e forse di fare qualche richiamo per l'igiene orale quando l'assistente o la segretaria ne hanno voglia. Stop.

Devi sapere che uno degli insegnamenti principali che mi ha trasmesso il mio mentore in questi anni di duro lavoro, è quello relativo ai modelli di business e sul fatto che tutte le aziende, compreso la tua, dovrebbero avere tre tipologie di prodotti, prestazioni o servizi:

- Uno da pubblicizzare
- Uno da vendere
- E uno su cui guadagnare attraverso margini alti.

Mi rendo conto che agli occhi di un odontoiatra questa frase suona molto male, ma devi separare mentalmente la tua attività di medico dalla tua attività d'impresa.

A parer mio questo è il punto focale che sancisce un buon dentista che incarna anche buon gestore di attività.

Non importa che tu ti senta un imprenditore, l'importante è che tu non senta il tuo studio come l'estensione di te stesso!

Il lavoro è un conto, la tua professione è un conto, la tua persona è un'altra cosa che esula dal tuo lavoro.

All'interno della gestione della tua attività convivono due aspetti separati ma complementari: il titolare d'impresa e l'odontoiatra.

Cio che devi sviluppare al più presto per ottenere una consapevolezza di livello superiore e' il restante 50% rispetto alla parte odontoiatrica.

Per diventare il gestore di un'impresa di successo è indispensabile interiorizzare il fatto che il processo cardine per il cambio di rotta è il marketing e in particolare
il brand positioning.

Il brand positioning è la chiave di volta che ti permetterà differenziati scientificamente dal resto dei tuoi colleghi e radicarti come una quercia nella mente tuoi potenziali pazienti inserendo delle profonde radici grazie alle quali sarà molto difficile sradicare l'idea che tu sei il leader nella categoria che hai creato.

Queste parole, alla fine di questo libro non saranno più così astruse perché verrai guidato passo passo verso il metodo
usato da me per costruirei dei potenziali brand in odontoiatria.
Per questo devi essere
pronto a metterti in discussione e calarti - se

necessario - nelle vesti che più possono esserti consone.

Con questo intendo dire che se dall'analisi che condurrai tu stesso, determinerai di essere un follower e non leader del tuo mercato come tu credevi, dovrai attuare le strategie utili al numero due e non potrai comportarti da numero uno.

Quindi da parte l'orgoglio e avanti con la mente analitica di chi vuole raggiungere un risultato.

Oggi essere differente significa fare le cose in maniera opposta a tutti gli altri, essere controcorrente ma non in apparenza.
Devi essere l'opposto maniera sostanziale, reale.

Ovviamente non parliamo di clinica. **Tutto ciò che leggerai su questo libro non ha nulla a che fare con la clinica**, nonostante io parli a te che sei un medico, indossa i panni del titolare d'impresa.

Differenziarsi vuol dire cambiare identità, spostandosi dalla propria zona di confort e convivere inizialmente con delle forti critiche da parte di tutti.

Chi ci criticherà per primo sarà proprio chi più ci vuole bene.
I tuoi parenti, mariti e mogli ti prenderanno per pazzo (o per pazza) e ti chiederanno di tornare sui tuoi passi per ripristinare la normalità.

A quel punto avrai due strade davanti.
La prima, la più immediata, sarà facile da imboccare e ti porterà dritto verso la condizione iniziale;

La seconda risulta quella più complessa, la più tortuosa e contorta strada che tu abbia mai percorso.
Piena di insidie, trappole, invidie e gelosie.

Ma risulta la strada che ti condurrà verso una leadership incontrastata dapprima all'interno del tuo studio e successivamente al di fuori.

Ti renderà libero e riconoscibile a un miglio di distanza. Non sarai uno fra tanti ma sarai il numero uno nel mondo che ti sei ricreato.

"Da studio dentistico a brand odontoiatrico" è la sintesi di un percorso iniziato da me diversi anni fa.

Quando guardandomi allo specchio mi sono chiesto il motivo per cui un cliente dovrebbe comprare da me, ultimo arrivato nell'area di mia competenza, anziché comprare dal concorrente numero uno, da trent'anni sul mercato e con un reticolato di amicizie e conoscenze che io potevo solo sognarmi.

Dopo cinque anni di studio approfondito attraverso seminari, libri e lunghi corsi con i più grandi maestri del brand positioning come Frank Merenda, Al Ries e Laura Ries, ho compreso che non esistono altre vie se non quella di distinguersi ed elevarsi dalla massa rilanciando giorno dopo giorno come in una partita a poker.

Cosa vuol dire rilanciare?

Significa che conquistata una posizione, a un gradino alla volta devi essere così determinato da aumentare la posta in gioco e spingere le tue nuove idee ancora più in avanti, conquistando sempre più pubblico.

Il pubblico non è altro che il tuo target di clienti potenziali che dovrai raggiungere piano piano attraverso la comunicazione della tua idea differenziante.

Si tratta del tuo baluardo, del tuo braccio di leva che ti aiuterà a sollevare dei pesi che prima d'ora non avresti nemmeno pensato di poter spostare.

Pensare di avere una tua teoria, una tua idea che ti permetta di fare le cose in maniera differente dal resto di conferirà automaticamente un'autorità che raramente potrai acquisire in maniera diversa.

Avere gli argomenti giusti per giustificare il motivo per cui il tuo modo di fare le cose è più adatto per un certo tipo di clientela, sarà successivamente compito del tuo marketing.

Ma quali sono i processi da mettere in moto per una differenziazione così radicale da poter trasformare uno studio dentistico di provincia in un potenziale brand odontoiatrico?

Te li elenco in modo tale che tu possa pianificare la lettura di questo libro e mettere in pratica uno dopo l'altro la sequenza che ti porterà a completare questa mutazione.

- Capisci prima chi è il tuo concorrente
- Realizza un questionario per i pazienti per capire dove ti trovi nella loro mente
- Analizza i dati del questionario e elaborali con i dati che trovi sul web
- Trova il tuo angolo d'attacco e crea una nuova categoria
- Trova il nome giusto
- Il logo "senza denti"
- Creare un brand con la formula del Sistema Markedonzia

INTRODUZIONE

Fino a qualche anno fa la promozione per gli studi dentistici era vietata.

Non si poteva fare marketing, né promuovere in alcun modo lo studio.

Poi è arrivato il decreto Bersani che nel 2006 - nel bene e nel male - ha digerito delle norme europee che permettevano agli odontoiatri di promuoversi attraverso i normali mezzi di comunicazione.

Di riflesso sono arrivate anche in Italia le grandi catene odontoiatriche che hanno iniziato a fare pubblicità attraverso i più comuni mass-media scatenando il malumore tra i dentisti.

A questo punto l'Ordine ha posto un limite alle attività promozionali dei propri iscritti implementando il codice deontologico per evitare la mercificazione della professione medica attraverso la pubblicità.

In tutta questa confusione anche gli odontoiatri hanno voluto difendersi timidamente, muovendo i primi passi nel mondo del marketing cosiddetto "istituzionale".

Affidandosi a società di comunicazione online per la creazione di siti Internet e frequentando corsi di gestione o corsi di pnl (programmazione neuro linguistica) travestiti da corsi di marketing.

Tutto questo poco aveva a che fare con l'acquisizione di nuovi pazienti ed il dentista fino ad allora era rimasto intrappolato in una situazione in cui non sapeva che pesci prendere.

Questa è la ragione per cui nel 2017 ho deciso di sfruttare la mia esperienza nel settore dentale per aiutare i dentisti a creare un reale vantaggio competitivo attraverso la differenziazione.

Questo risultato lo si ottiene lavorando sull'arma di marketing più potente che esiste: il brand positioning, il posizionamento di marca.

La mia idea si basa sul fatto che il dentista dovrebbe trasferire verso lo studio, tutta l'autorità che possiede come medico, trasformando il suo luogo di lavoro in un **brand**.

Attraverso di esso si potranno ottenere due vantaggi fondamentali :

- la scalabilità del business e
- l'alleggerimento del carico di lavoro sull'odontoiatra.

Che in sintesi vuol dire lavorare di meno e guadagnare di più.

Lavorare di meno perché lo studio otterrà un nuovo nome e i pazienti avranno come riferimento lo studio e non più il dentista titolare.

Guadagnare di più perché sì avrà la possibilità di replicare lo stesso modello di studio in località differenti, unendoli tutti sotto un unico tetto chiamato **brand odontoiatrico**.

Questo nuovo percorso avrà un enorme effetto positivo perché a fine carriera l'odontoiatra medio non svenderà - come fa oggi - la sua attività come un normale studio, ma metterà in vendita un vero e proprio marchio riconosciuto e riconoscibile dal mercato.

Artefice di questo piccolo miracolo è la disciplina del brand positioning.

Trovare l'idea differenziante è lo scopo principale del lavoro che cercheremo di portare avanti attraverso questo libro e le sue estensioni di approfondimento.
Si tratta di una lunga ed attenta attività che parte dallo studio della concorrenza fino a trovare un angolo d'attacco unico che riesca a collocare il tuo

studio come la prima scelta nella nella mente del potenziale paziente, permettendoti di avere la meglio sui concorrenti.

Se ci pensi si tratta di rivoluzione che affonda le sue radici nelle teorie dei grandi maestri del marketing e che viene riadattata al settore odontoiatrico attraverso un metodo unico di cui tu potrai studiare le mosse e riprodurle in base alla tua situazione.

Grazie al Sistema Markedonzia™ sarà possibile mettere le basi per trasformare il tuo studio dentistico in un brand odontoiatrico iniziando a creare la tua leadership attraverso l'arma segreta del posizionamento, sconosciuta al 97% dei dentisti.

Buona lettura.

CAPITOLO I

Rivendere lo studio : l'impresa impossibile di chi non ha un brand

Prima di cominciare a leggere questo libro mi piacerebbe tu compilassi un questionario di auto analisi riferito al marketing del tuo studio. Niente di elaborato, soltanto un modo per renderti conto da solo da che livello (0-10) parti. Vai subito su **www.markedonzia.com/test**

Iniziamo.

Qualche tempo fa un mio cliente manifestava un forte sentimento di rassegnazione perché a suo avviso uno studio dentistico di dimensioni medio-grandi (diciamo di 6-8 poltrone), durante la piena maturità professionale del medico titolare, riesce a fatturare più o meno quanto una fabbrica di piccole dimensioni.

Tuttavia quando il titolare dello studio arriva a fine carriera non potrà monetizzare la sua cessione come riesce a fare un imprenditore vendendo la sua impresa.

In situazioni come queste si potrebbe correre il rischio di pensare che il mercato odontoiatrico non sia un business su cui investire né tanto meno risulterebbe un'attività imprenditoriale scalabile (che possa essere ingrandita e replicata anche altrove).

Un imprenditore moderno di qualunque settore, per esempio della moda, crea da zero la sua struttura e come fa un odontoiatra, investe in macchinari, assume il personale, lo forma e la sommatoria di queste attività permettono all'impresa di crescere e infine essere venduta nel momento in cui non sia richiesto un eventuale passaggio generazionale.

Gli sforzi, l'impegno e i processi sono similari, ma il risultato finale per qualcuno non è affatto uguale a quello di qualunque imprenditore.

L'Odontoiatra rimane con un pugno di mosche in mano, mentre il titolare d'azienda fugge via sventolando un assegno a sei cifre.

Secondo te qual è il motivo per cui la maggior parte dei dentisti crede che questa cosa sia vera?

Il motivo te lo riassumo in una sola frase:
perché il medico fa il medico e basta.
12 ore al giorno.
Tutti i giorni.

L'imprenditore invece non sempre ha le mani nella malta e lavora attivamente per produrre ciò che l'azienda vende sul mercato.

L'imprenditore "illuminato" spesso si occupa di fare in modo che tutto funzioni per bene affinché il prodotto o il servizio siano consoni, ed il restante tempo a sua disposizione lo occupa affinché la propria attività possa crescere e prosperare.

Con questo non voglio dire assolutamente che devi smettere di fare il dentista e dedicarti all'amministrazione o al marketing.
Voglio soltanto dire che per sviluppare qualunque business ad un livello diverso, devi convincerti che non puoi stare per la totalità del tuo tempo rinchiuso all'interno dello studio clinico con le mani in bocca ai pazienti.
Se continui a fare questo il risultato sarà identico a quello ottenuto da quel cliente che manifestava insoddisfazione per il fatto che a fine carriera non potrà rivendere la sua azienda con profitto.

Ma qual è il motivo che sta dietro a tale meccanismo e quali sono le ragioni per cui nessuno si sognerebbe di acquistare il tuo studio dentistico per una cifra a sei zeri anche se il tuo fatturato da solo dice che sarebbe comunque un affare?

Semplice, perché tutto gira intorno alla tua figura e se vai via tu, finisce tutto.

Perché in vent'anni di carriera non ti è mai passato per la mente di costruire un brand unico e riconoscibile che conferisca valore alla tua struttura al di là di chi la occupi, nè tanto meno hai mai investito per capire come ciò si potesse realizzare.

Attenzione, se la tua volontà è quella di rimanere il dentista di paese o di quartiere, punto di riferimento per i suoi pazienti, tanto di cappello, ma questo libro non parla di questo.

Queste pagine sono rivolte soltanto a chi possiede dentro di sè l'ambizione di realizzare davvero qualcosa di diverso, che possa dare occupazione, profitto e che possa essere duplicata senza confini territoriali. O per lo meno, per chi vuole avere la sicurezza di sedersi sopra un motore Ferrari e per sua scelta manterrà bassi i giri.

Per fare questo è necessario costruire un **brand**, coltivarlo finchè fiorisca ed infine monetizzarlo.

Come dicevamo, l'imprenditore, in qualunque settore operi e qualunque sia il suo mestiere di origine, occuperà la restante parte del tempo per far crescere l'attività, **ma in termini pratici che cosa vuol dire?**

L'unico modo legale per far sì che un'attività cresca costantemente nel tempo – ne venga riconosciuto il nome e parallelamente possa accrescere esponenzialmente il proprio fatturato – si chiama marketing.
Non ne esistono altri.

Sì, certo in passato non occorreva fare nulla e tutti lavoravano alla grande senza sforzi nè facendo attività promozionali.
Purtroppo gli anni '80 e '90 sono finiti e la generazione del boom demografico ed economico, adesso è in pensione.

In quegli anni si cresceva perché l'economia lo richiedeva, Craxi stampava moneta e tutto era semplice ed immediato. Oggi invece viviamo tutta altra realtà.

Se ieri non servivano competenze per fare soldi, oggi servono 10 volte le competenze di allora e in più bisogna avere delle pa**e quadrate per andare avanti nel tempo, tra tasse a livelli mai visti prima, burocrazia esagerata e bastoni tra le ruote serviti da ogni ente ed associazione a cui non va a genio ciò che fai.

__Se hai letto il mio libro Markedonzia, avrai senza dubbio fatto caso alla definizione di imprenditore presa in prestito dal mio mentore:__

"L'imprenditore è un esperto di marketing che sa leggere un conto economico di bilancio".

Non si fa riferimento a settori, a dimensioni o a luoghi geografici. L'imprenditore è quello lì in qualunque parte del mondo in qualunque settore operi, qualunque sia il suo giro d'affari.

Questo vuol dire che se a fine carriera vuoi vendere il tuo studio dentistico incassando davvero il reale tornaconto economico per la schiena che ti sei rotto per trent'anni di fila, l'unico modo che hai è capire il marketing e operare secondo i principi che permetteranno a te di fare il salto di qualità come imprenditore e alla tua attività di crescere come brand.

Questo puoi farlo avendo un'idea potente nella testa, utilizzando aziende e/o persone che ti aiutino a realizzarla.

Tieni conto che la stragrande maggioranza delle società di comunicazione utilizzano inefficienti strumenti creativi fini a se stessi per creare delle campagne pubblicitarie che raramente ti porteranno un utile in tasca.

Di conseguenza risulta fondamentale che tu sappia già in partenza cosa vuoi realizzare, come e con quali strumenti.

Visto che là fuori la gente che può fare questo per te ce n'è davvero pochissima, il mio consiglio spassionato è innanzitutto di leggere molto a riguardo.
Avrai letto sicuramente della vicenda relativa all'acquisto da parte del gruppo Dental Pro della catena di cliniche odontoiatriche di casa nostra Giovanni Bona.

Se hai chiara quella faccenda, puoi unire i puntini con quello che ti ho descritto in queste righe.

Giovanni Bona è stata la prima catena italiana di studi odontoiatrici e non faceva parte del circuito low cost, ma che possedeva un'identità propria e circa 35 cliniche in tutto il territorio nazionale.

La proprietà ha incassato da questo cash out la bellezza di 70 milioni di euro.
Il meccanismo con cui è stata venduta questa catena affonda le sue radici sui principi di branding e marketing esposti in precedenza.

Quindi non si tratta di argomenti che attecchiscono soltanto nei paesi anglo-americani, ma come hai visto si tratta di solide regole di mercato ignorate per decenni, almeno in Italia per i motivi di cui sopra.

Quindi non c'entra la fortuna, non c'entra l'ammanicamento, la collusione e tutte le storiacce di casa nostra.
C'entra soltanto una consapevole strategia di marketing che viene portata avanti con forza,

determinazione e consapevolezza per anni di attività.

Trasformare un semplice studio dentistico in un forte brand riconosciuto almeno all'interno del proprio territorio è senza dubbio difficile, ma sicuramente fattibile.

CAPITOLO II

Meglio un brand o uno studio indifferenziato? (il gioco delle categorie)

Nel mondo di oggi qual è il modo migliore per bypassare i problemi legati al passaggio generazionale?

Viviamo circondati da marchi, ad ogni livello e per ogni settore. Nel settore della moda sono presenti decine e decine, se non centinaia di brand riconosciuti, ognuno di essi rappresenta e comunica qualcosa ad un determinato target di persone: giovani, meno giovani, chic, ribelli (o chi vuol sentirsi tale), raffinati e chi più ne ha più ne metta.

Anche nell'abbigliamento sportivo, nel mondo delle bevande e in qualunque altro settore è così. Esistono diversi brand che rappresentano qualcosa nella mente di chi compra questi prodotti e porta con sé i valori trasmessi da quell'azienda, facendoli propri all'interno del suo stile di vita.

Ma stiamo pur sempre parlando di prodotti, per i servizi o addirittura per le prestazioni mediche, può valere la stessa regola oppure i clienti assumono altri comportamenti?

La gente acquista davvero in base agli stessi principi con cui compra delle scarpe da ginnastica alla moda?

La risposta non posso dartela adesso perché non mi crederesti. Faremo un ragionamento articolato che ti porterà a comprendere al 100% quali sono le modalità di acquisto del tuo paziente medio.

Per capire come gestire al meglio il passaggio generazionale è fondamentale passare in rassegna un concetto.

Lo scenario è questo: lavori da più di trent'anni all'interno del tuo studio e hai acquisito una grande fiducia da parte dei tuoi pazienti.

Questo lo ricorderai senz'altro, non è stato costruito dall'oggi al domani, ma hai avuto bisogno di tempo, molto tempo.

Dapprima non ti conosceva nessuno, ma i tempi erano diversi e i pazienti arrivavano senza che tu facessi grandi manovre di comunicazione per attrarli.

Piano piano la tua pazientela lievitava come pasta madre in maniera automatica grazie al passaparola e tu iniziavi a godere di una certa fama all'interno della zona in cui operavi.

Tutto questo ha permesso di costruirti un nome come dentista e farti apprezzare come persona.

Arrivata la sicurezza economica magari hai deciso pure di investire sul tuo studio, acquistando un immobile più grande e delle apparecchiature all'avanguardia anche in relazione al fatto che i tuoi figli crescevano e manifestavano l'interesse verso la tua professione, iscrivendosi alla facoltà di odontoiatria in Italia o all'estero.

A questo punto, laureati i figli, ti stai chiedendo come inserirli all'interno dell'organico e farli piano piano integrare attraverso una fase di transizione per permettere un prossimo passaggio di consegne ufficiale.

Prima di ciò, però, vuoi che i tuoi figli siano pronti sotto l'aspetto clinico.

Sia ben inteso, sarai sempre disponibile a dar loro una mano nelle decisioni terapeutiche più delicate, ma il tuo compito è senza dubbio quello di renderli dei professionisti autonomi.

La vita di studio è fatta sicuramente in prevalenza da una parte clinica, ma oggigiorno risulta fondamentale saper portare avanti uno studio dal punto di vista della gestione.

Per quello troverai fior di professionisti in Italia, tuttavia stai sottovalutando un aspetto.

L'altra faccia della medaglia è quella relativa all'aspetto più sottovalutato in assoluto, quello del marketing.

Nella fattispecie dovresti preoccuparti di cosa dovresti rappresentare nella mente dei tuoi pazienti.

Fai attenzione perché non si tratta di una velleità da "pubblicitari" o da multinazionale e sai perché?

Perché i tuoi pazienti oggi pensano già qualcosa di te che tu non sai, che tu non conosci e che non puoi nemmeno controllare.

Uno dei modi migliori per favorire il passaparola è facilitare il lavoro ai pazienti che intendono parlare di te a qualcuno, mettendogli letteralmente in bocca le parole giuste da pronunciare.

A questo serve uno slogan a indicare in maniera iper semplificata di cosa ti occupi e quale problema risolvi.

Devi saper rispondere alla domanda: chi è il Dr Bianchi?

Sai rispondere con esattezza a questa domanda o rispondi soltanto dicendo : "un dentista"?

Se impieghi più di 10 secondi per spiegare di cosa ti occupi e qual è il tuo "piatto forte", è un problema.

Pensaci bene.

Cos'è Nike?

L'azienda di abbigliamento sportivo più conosciuta al mondo.

Cos'è Adec?

L'azienda che produce più riuniti al mondo.

Cos'è 3M?

La più importante multinazionale nel settore della chimica.

Cos'è IPhone?

Lo smartphone più prestigioso

E per i servizi medici funziona uguale?

Facciamo la prova.

Cos'è il il Mayer?

L'ospedale per bambini più all'avanguardia

Cos'era Giovanni Bona?

La prima catena odontoiatrica in Italia

> # Il ruolo del branding è di definire con precisione la propria attività e primeggiare all'interno di una categoria esistente o creata ad hoc

Cos'è DentalPro?

La più grande catena odontoiatrica in Italia

Cos'è il Rizzoli?

L'ospedale italiano specializzato in ortopedia

Come vedi il gioco del brand funziona per tutto e tutti, indipendente dal settore e dal territorio.

È la mente che ha bisogno di inserire ogni cosa in una categoria per semplificarsi il lavoro e qualora la categoria non esistesse ancora, la mente provvederà a crearsene una nuova.

Qual è allora il ruolo del branding?

Come puoi sfruttare a tuo favore il brand positioning per il tuo studio dentistico e trarne dei benefici tali che i tuoi concorrenti non riusciranno nemmeno a capire il motivo del tuo progressivo vantaggio competitivo?

Per fare questo devi tenere a mente quattro cose:

1) Le persone acquistano con più tranquillità dal leader di mercato perché risulta psicologicamente il più sicuro e socialmente più accettato

2) La gente in alternativa acquista dal meno caro all'interno della fascia di prezzo che può permettersi

3) La persone preferiscono uno specialista a un generalista

4) La gente è restìa al cambiamento. Si accontenta di trovarsi male – ma con certezza – che avere l'incertezza di trovarsi peggio

Questo non significa che i tuoi pazienti non ti scelgono in base alla qualità delle tue cure, alla sicurezza, al passaparola, all'amicizia e alla stima che vi lega, alla professionalità e a tutte quelle belle cose che sai già.

Tutte queste qualità sono prerequisiti.

Ripeto:
PREREQUISITI!

Significa che in un mercato *"normalizzato"* come il nostro, in cui tutti hanno uno standard qualitativo e di sicurezza sopra la sufficienza, la gente sceglie attraverso dei criteri istintivi e sociali che si racchiudono nei primi tre punti che ti ho appena citato. Ovvero il numero uno, il meno caro o chi viene identificato come lo specialista capace di risolvere un problema specifico.

Il brand positioning è letteralmente indispensabile per 3 categorie di dentisti:

1. Chi vuole distinguersi dai concorrenti e lavorare nel proprio studio mono-professionale aumentando il numero di pazienti attivi

2. Chi vuole unificare sotto lo stesso marchio i due (o più) studi che possiede già (e distinguersi dal resto attraverso un programma definitivo e unico)

3. Chi ha intenzione di passare il testimone agli eredi (e/o vuole creare subito o un domani una catena o un franchising).

La percezione è la realtà

Si tratta solo di percezioni, non di realtà. Il guaio è che se non hai mai lavorato su questo aspetto, ci saranno alcuni pazienti che ti percepiranno in un modo e altri che ti percepiranno esattamente come l'opposto. Questo va da sè che non va bene.

Il sunto è che dovresti decidere tu come farti percepire, in base al mercato e in base a ciò che i tuoi concorrenti "ti lasciano dire".

Già, perchè non è così facile come credi.

Non puoi decidere cosa voler essere da un giorno all'altro. Se devi differenziarti devi capire profondamente cosa sta comunicando la tua concorrenza e trovare un angolo d'attacco unico che riesca a differenziarti totalmente da tutto il resto.

Ho letto decine e decine di questionari di gradimento e ti assicuro che a qualunque latitudine e in qualunque tipologia di studio, la scelta del paziente ricade puntualmente su due aggettivi principali che sono la **sicurezza** e la **professionalità**.

Due concetti totalmente aleatori e privi di un reale significato.

Pensaci bene, cosa vuoi dire professionale?

Che non racconti le barzellette? Io conosco un sacco di fantastici professionisti che

raccontano divertentissime barzellette ai propri pazienti.

Che sai fare bene il tuo lavoro? Non credo.

Che sei serioso? Nemmeno.

Non si sa.

Stessa cosa sulla sicurezza.

Cosa ne sa il tuo paziente di sicurezza e di protocolli di sterilizzazione?

Che ne sa della differenza tra un'autoclave di classe B o di classe S?

Cosa può saperne di un Vacutest?

Assolutamente nulla di nulla.

D'altronde noi tutti acquistiamo in maniera totalmente irrazionale per poi giustificare la nostra scelta attraverso dei concetti razionali – come la professionalità e la sicurezza – per farci meglio accettare dagli altri. Ripetiamo, magari ti è sfuggito.

> *Noi tutti in un mercato con qualità standardizzata acquistiamo e scegliamo anche le prestazioni mediche in base a criteri irrazionali e giustifichiamo questa scelta con "scuse" di tipo razionale per non farci giudicare male dalla nostra cerchia di contatti .*

Attenzione perché non si tratta di un mio parere.

E' il cervello che funziona così. Le decisioni vengono prese seguendo un iter a due step. Il primo processo è istintivo e avviene nell'amigdala (old brain o cervello rettiliano), il centro di tutte le nostre emozioni, dove ci facciamo una prima impressione. Nel secondo passaggio le informazioni vengono trasmesse alla corteccia (il new brain), che si occuperà di dare una spiegazione logica alla decisione istintiva.

Insomma, il nostro cervello lavora i maniera automatica e poi ci fornisce una bella scusa socialmente accettabile per tutte le scelte che compiamo.

Esempio gretto così ci capiamo.

1a) Se non sei il leader di mercato devi assolutamente creare una nuova categoria in cui esserlo.

2b) Essere il meno caro non è una soluzione perché non risulta essere un'abilità.

Chiunque può diventarlo, basta sia in grado – anche temporaneamente – di erodere i propri margini più di quello che sei in grado di fare tu.

3c) Se fornisci un servizio esclusivo al tuo paziente, non sottovalutando nemmeno un dettaglio, permettendogli di vivere un'esperienza inedita, il paziente sarà tuo a vita e ne parlerà con soddisfazione all'interno della sua cerchia di contatti perché si sentirà sempre speciale e non un paziente qualunque.

Uomo sessantenne semi edentulo decide di rifarsi i denti.

Si trova in questa situazione da più di dieci anni ma si decide proprio adesso e si giustifica dicendo che non riesce più a mangiare e a godersi una serata sorridendo.

E noi ci crediamo ovviamente, perchè risulta molto logico e socialmente accettato.

Ma i professionisti più sgamati sono al corrente che indagando più a fondo nella vita privata dell'individuo, potrebbero scoprire le vere motivazioni che hanno spinto l'uomo ad agire all'improvviso:

un divorzio e la conseguente voglia di riscatto, una ragazza dell'est Europa a cui fa la corte e su cui vuole fare colpo, il matrimonio della sua unica figlia o un cambiamento importante all'interno della sua sfera intima che lo spinge a compiere un gesto di cui prima aveva paura o non aveva la giusta motivazione per farlo.

Funziona così per tutto. Non vedo cos'abbiano di speciale i pazienti odontoiatrici per cui la natura debba fare un'eccezione.

Da ciò si evincono le regole vincenti per stare sul mercato oggi:

Se rendi semplice e ingegnerizzato questo passaggio, il paziente parlerà di te nel modo in cui tu hai suggerito e il passaparola risulterà costantemente solidale al posizionamento.

Solo così avrai la certezza di star controllando quello che si dice di te fuori dallo studio.

DA DENTISTA A BRAND ODONTOIATRICO

La seconda parte di tutto questo progetto è la più importante e si baserà nel trasformare lo studio odontoiatrico del Dr Marco Bianchi in un brand riconoscibile (e in futuro si spera anche riconosciuto) che prescinda dal medico specialista, in modo che possa diventare totalmente libero e scollegato da qualunque persona fisica.

Questo perché attraverso un brand il passaggio da un proprietario ad un altro (da padre in figlio per esempio) risulta quasi ininfluente ed inoltre si può anche ventilare la possibilità di iniziare ad espandersi sotto un solo marchio all'interno del territorio d'appartenenza.

Sono numerosi infatti i dentisti che hanno due o più studi (anche con configurazioni diverse) all'interno della stessa provincia.

Banalmente però non risultano unificati sotto un unico nome.

Avendo un brand-name unico si inizierebbe a comunicare anche una certa rilevanza e una certa affidabilità in relazione ad un marchio che negli anni e con l'avvicendarsi delle generazioni potrebbe crescere notevolmente.

Oltretutto a fine carriera il peso che potrebbe avere un brand riconosciuto (a maggior ragione se una piccola catena di studi) è totalmente diverso rispetto a quello di uno studio odontoiatrico il cui destino è prevalentemente legato a quello del medico titolare.

Se un'azienda la vendi in base alle quote di mercato che detiene, lo studio no. O almeno, non più.

In più potresti anche trovare il furbo di turno che sapendo che andrai in pensione, sceglierà di non comprare il tuo studio, ma di aprirne uno nuovo nelle immediate vicinanze per attingere ai pazienti del quartiere.

D'altronde siete entrambi dentisti, no?

Questo potrebbe non accadere se avessi un brand o avessi un elevato livello di specializzazione. E qualora accadesse, potrebbe risultare semi-innocuo.

La tua identità sarà riconoscibile e le tue sedi sempre chiare sui tuoi canali di comunicazione. Inoltre il brand sarà identificato come il posto perfetto per risolvere una determinata problematica. Tuttavia esiste un altro aspetto che potrebbe confonderti le idee qualora ti interessassi al marketing da qualche tempo.

Personal Branding contro Brand Odontoiatrico

Se hai assistito a seminari o corsi in cui si dimostravano i vantaggi di promuovere il proprio personal branding[2] bisogna che ti dica come stanno davvero le cose. Il personal branding – come spesso sostengo – è un ottimo modo per fare il libero professionista, ma un pessimo modo per fare

l'imprenditore e ti spiego perché. Se sviluppi il marketing incentrato sulla tua persona rischi di fare il doppio lavoro.

Tu sarai il centro di tutto e tutti i pazienti, ancor più di oggi, cercheranno te per farsi curare.

Gli altri medici della tua struttura risulteranno un tuo surrogato e questo si rifletterà sulla mole di lavoro che dovrai sviluppare.

Questo va moltiplicato enne volte se hai più di uno studio.

---

[2] in sostanza portare avanti una strategia di marketing basata sulla figura personale del medico

Oltretutto nel momento in cui (e se) volessi vendere, non potrai vendere la tua persona, ma il tuo studio, che senza di te avrebbe un valore nettamente inferiore.

Ecco perché il personal branding per il passaggio generazionale risulta più un problema che un vantaggio e per lo studio medico in generale, è decisamente una cartuccia spuntata.

Ragion per cui ottenere un Brand come studio risulta essere la soluzione migliore. Perché prescinde dalla tua persona e lascia aperte le porte al futuro.

A questo punto non hai scuse. Se sei stato così motivato da sorbirti un vero e proprio trattato di branding applicato all'odontoiatria, vuol dire che in parte sei d'accordo con me almeno su certi aspetti del discorso.

Adesso hai due strade a disposizione.

Puoi continuare a ignorare l'aspetto relativo al posizionamento, che conferirebbe a te e al tuo studio un futuro chiaro e un vantaggio competitivo enorme nei confronti dei tuoi concorrenti.

Ciò ti permetterebbe di viaggiare su un binario magnetico monorotaia a 300 all'ora come i treni giapponesi, mentre tutti gli altri arrancheranno su fatiscenti Espressi facendo soste ad ogni stazione.

In questo caso dimentica tutto quello che di buono hai letto in questo capitolo.

Dimentica le strategie, i consigli, le dritte e gli insegnamenti di business che si celano qua dentro.

Dimentica il sogno di condurre un passaggio generazionale che ti porti su un piano strategico diverso da quello in cui operi adesso e dimentica il fatto che ai tuoi figli potrai lasciare come regalo professionale un brand che potrà durare per generazioni e generazioni.

Esiste però un'alternativa valida.

Esiste la possibilità di indossare la divisa da capotreno, acciuffare al volo un bolide da 300 km orari e guidarlo dritto verso un futuro lontano da concorrenti che sbragano i prezzi per rubarti pazienti.

Esiste la possibilità di distinguerti in maniera **naturale** e definitiva dalla concorrenza ed esiste un modo per passare anche lentamente le redini del tuo studio ai tuoi eredi senza che la clientela percepisca un cambiamento della qualità.

Il fuoriclasse che tu avrai creato si trasferirà da padre (o da madre) in figlio (o figlia) e conferirà a te il grande merito di diventare il patriarca di questa nuova creatura da curare e far crescere chiamata brand!

Per fare ciò però occorre volontà.

Solo chi ha le idee chiare abbastanza per guardare nel proprio futuro e in quello dei propri figli potrà avvalersi della forza di un brand.

Solo chi non si accontenta di essere uno fra tanti e vuole dimostrarlo al mondo intero potrà conquistare la mente dei propri potenziali pazienti e attrarli come una calamita verso di se grazie alla potenza della focalizzazione e del brand positioning.

Solo se hai questo tipo di motivazione e questo fuoco che brucia dentro il tuo petto vorrai avvalerti di un'arma simile.

Se sei una persona con queste caratteristiche, potrai avviare il processo irreversibile di trasformazione **da studio dentistico a brand odontoiatrico immediatamente.**

Entrerai dalla porta principale in un mondo unico in Italia che nessun dentista ha mai visto prima.

Questo mondo si chiama **Markedonzia** ed è l'unica dimensione che permette agli odontoiatri di formulare la propria idea differenziante per distinguersi dai concorrenti, senza farsi succhiare energie e risorse da consulenti che ti invadono lo studio, anche se hai poco tempo a disposizione.

Hai compilato di questionario di auto analisi riferito al marketing del tuo studio?

Non si tratta di niente di elaborato, soltanto un modo per renderti conto da solo da che livello (0-10) parti.

Vai subito su www.markedonzia.com/test

CAPITOLO III

Il Brand Positioning spiegato semplice

Nel mio primo libro avevo dedicato un intero capitolo al posizionamento di marca perché da sempre ritengo sia il punto cardine da cui far partire una sana strategia di comunicazione e di marketing.

Avere l'idea differenziante che ti distingue dal resto dei tuoi competitor è senza dubbio la pietra angolare su cui si poggia qualunque business in qualunque settore.
Cercherò di non ripetermi, ma tenterò di inquadrare l'argomento secondo un più ampio respiro.

Naturalmente il compito è decisamente arduo perché esistono dei testi ben più autorevoli di questo per imparare le nozioni a cui sto facendo riferimento. In primis i capolavori di Al Ries, il pioniere della teoria del posizionamento insieme al suo socio storico Jack Trout, venuto a mancare nel Maggio del 2017.
Parlo di testi come "Positioning", "Focus" e "Le 22 e immutabili leggi del marketing".
Libri straordinari che cambiano la vita e che ti consiglio di leggere al di là del mestiere che eserciti.

Tornando a noi, l'obiettivo di questo capitolo è farti comprendere al 100% che cosa s'intende per posizionamento e per **"scale nella mente"**.

Partiamo dal presupposto che il cervello umano ha la possibilità di contenere un numero limitato di informazioni.
Queste informazioni vengono catalogate per **categorie**, in modo da riuscire più facilmente a reperirle nel momento del bisogno.

Per utilizzare un linguaggio informatico, il cervello, per ottimizzare la memoria, riesce ad immagazzinare soltanto 2, 3 nominativi per ogni categoria che ha creato.

Questo riguarda attività commerciali, brand internazionali, giocatori di calcio, personaggi illustri, ma anche professionisti, dentisti, fabbri, ginecologi, ospedali, colorifici e qualunque altra categoria di cose e persone che ti possa venire in mente.

Non si tratta di una teoria astratta, è una verità rilevata.

Un'altra verità è quella che in mercati che esistono da molto tempo, i nominativi all'interno di una categoria non arrivano mai a tre.

Significa che nella maggior parte dei casi i player che il cervello ricorda richiamando alla mente una determinata categoria, sono al massimo due.

3

Ti renderai conto da solo che dal punto di vista "commerciale" se vuoi fare davvero la differenza all'interno del tuo mercato devi essere uno di quei due, meglio se il primo.

Smetto per un attimo di parlare in maniera astratta e vengo immediatamente nel concreto.

Parlando di soft drink, di bevande gassate, qual è la prima che ti viene in mente?

Immagino sia coca-cola.

E la seconda bevanda a base di cola che ti viene in mente, qual è?
Immagino sia la Pepsi.

Converrai con me se ti dico che nel tuo immaginario non esiste una terza marca di cola. Certo esistono decine di migliaia di cola diverse, locali, nazionali e a volte anche internazionali.

È questo il caso della Virgin Cola, la bevanda del miliardario inglese Richard Branson.

Qualche anno fa si è iniziata ad intravedere negli scaffali dei supermercati più importanti e via via è scomparsa persino dai discount.

Questo caso ci lascia come insegnamento che il marketing è più una questione di conquistare uno spazio nella mente del consumatore che uno spazio nel mercato.

Occorrono soldi per fare il marketing, ma solo quelli non bastano, anzi senza un posizionamento forte rischi di buttarli letteralmente al vento.

L'imprenditore inglese si è potuto permettere di buttare via milioni di sterline per pubblicizzare e distribuire un buco nell'acqua come in Virgin Cola, ma tu puoi permetterti di fare pubblicità per 5, 10, 20, 50.000, 100.000 €(in base alle tue possibilità) perdendo letteralmente il capitale investito?

Le PMI italiane questo non possono permetterselo, figuriamoci le micro imprese.

Questa è la ragione per cui il posizionamento è un asset fondamentale per qualunque attività che voglia fare la differenza anche soltanto nel proprio territorio.

Di esempi come Coca-Cola ne esistono a migliaia.

Usciamo dal settore commerciale per entrare nel mondo degli avvenimenti storici. Chi è stato il primo uomo sulla luna?

Ovviamente Neal Armstrong.
Ed il secondo?

In pochi sanno chi è stato il secondo, eppure ha messo piede sul nostro satellite appena sei ore dopo Armstrong.
Purtroppo di Buzz Aldrin si ricordano in pochi nonostante appartenesse allo stesso equipaggio.

L'uomo più veloce del mondo sai chi è?
Usain Bolt.
Del secondo, a meno che tu non sia un addetto ai lavori o un appassionato, non se ne ha memoria.

Ecco come le scale nella mente si accorciano sempre di più in base alle dimensioni e alle caratteristiche della categoria.

Più è piccolo il tuo mercato, meno spazio ci sarà per il secondo.

Questo ci concede lo spunto per un altro ragionamento: quello sulla focalizzazione.

Se il mercato è molto grande, invece, la scala della mente non cambierà più di tanto.
A cambiare saranno le categorie.

Nei mercati grandi, come quelli delle città, una categoria tenderà a duplicarsi in molteplici sottocategorie iper specializzate.

Se ci fai caso infatti, nel piccolo paese troverai il dentista generalista, che fa tutto per tutti.

Nella grande città invece trovi più facilmente l'implantologo, lo specialista in endodonzia, in ortodonzia e via dicendo.

Da qui viene spontaneo dedurre che il generalista, colui che fa tutto per tutti, raramente potrà essere il numero uno in un determinato territorio a meno che questo territorio non sia piccolo e il dentista non sia il primo arrivato o addirittura l'unico.

CAPITOLO IV

Sotto torchio

Tempo fa mi trovavo a cena con un cliente con cui si è amabilmente chiacchierato per gran parte della serata del piu e del meno.

Ad un certo punto però, verso la fine, succede una cosa inaspettata. Lui mi guarda fisso negli occhi e mi rivolge una domanda che esula completamente dal discorso che stavamo facendo: **"allora, tu che hai scritto pure un libro, dimmi un po', secondo te quale sarà il futuro della mia professione?"**.

Il tono era garbato, ma lo sguardo era indagatore. Uno di quegli sguardi che da soli riescono a comunicare il vero pensiero che si cela dietro alle parole.

Stava chiaramente pensando "stai attento a come rispondi perché da quello che dici dipenderà l'esito di tutta la serata e dell'idea definitiva che mi farò di te".

Insomma non ero proprio a mio agio, anzi, ho iniziato proprio a sudare freddo e lui notando che mi aveva visibilmente preso alla sprovvista, tornó ad incalzare. "Quindi? Chi vincerà la battaglia nel futuro?

Il low cost? Oppure la qualità del libero professionista?

Tu dovresti saperlo visto che mi sembra che hai scritto un intero libro in merito a questa questione".

Al che mi avrà probabilmente visto impallidire.

Sapevo dove voleva arrivare, ma ho pensato tra me e me, rispondi sinceramente , ma non farlo incazzare.
Ancora devono portare il dolce e il vino è quasi finito, quindi vacci piano e sii molto delicato.

"Che vuoi che ti dica", ho risposto. *"Come vedi c'è un gran fermento nel mondo delle catene. Chi si gioca per bene le carte oggi conquisterà domani la leadership nella mente del consumatore, tuttavia ritengo che il libero professionista abbia un ruolo da outsider a dir poco determinante.*

Gli studi professionali di piccole dimensioni andranno via via scemando e ciò produrrà un un gran numero di professionisti senza uno studio fisso che si avvicineranno ancora di più al mondo delle collaborazioni presso studi più organizzati.

Parallelamente però stiamo vedendo che i grandi gruppi imprenditoriali stanno assumendo in maniera massiva nuovo personale da inserire nei nuovi centri che apriranno da qui a poco.

Quindi gli odontoiatri che nei prossimi anni saranno costretti a chiudere lo studio per motivi legati ai pochi pazienti, si troveranno a fare i free-lance presso altre realtà più organizzate oppure sceglieranno di fare i dipendenti presso le catene".

"E questo per te è un bene o un male?" chiese il mio curiosa interlocutore.

"Fin quando si creano posti di lavoro non è mai un male, sarà il mercato a definire se saranno queste strutture i luoghi dove crescerà la professione oppure rimarranno mere strutture commerciali atte ad accogliere solo il paziente in cerca del prezzo.

Se così fosse avranno perso la loro occasione.

Parallelamente dovranno nascere dei brand odontoiatrici riconosciuti dalle persone per le loro competenze dell'alto livello professionale e per il valore delle persone che ci lavoreranno dentro.

Ma ciò potrà avvenire soltanto se l'odontoiatra passerà ad un livello successivo di consapevolezza.
Quello dove da medico d'eccellenza si trasformerà anche in imprenditore capace.
Non è facile, certo – ci vogliono fior di competenze – ma si tratta di un passaggio epocale che prima o poi dovrà avvenire anche in Italia.

In America abbiamo numerosi casi di questo tipo, qualcuno ho avuto modo di vederlo all'opera durante più di un seminario. Si parla di competenze di marketing davvero esagerate e di certo non richieste fino a quel punto.

Oggi le varie piccole catene locali sono percepite come dei sottoprodotti delle catene low cost, invece dovrebbero trasformarsi in eccellenze focalizzate sulla fascia alta di clienti, non ponendo come araldo il prezzo basso dell'igiene, ma puntare su delle strategie più strutturate per promuovere la propria realtà e farsi scegliere da un target preciso di pazienti. Oggi sparano nel mucchio.

Chi per primo farà questo, si prenderà la migliore nicchia esistente in Italia e potrà espandere la sua influenza su tutto il territorio in maniera pressoché indisturbata."

"Ma scusa… e la fascia media chi la cura?"

"Ricordati – aggiungo io – che in Italia sta aumentando sempre di più il divario tra ricchi e poveri e la classe media, che fino ad oggi è stata il motore del paese, piano piano sta scomparendo.

Questo genererà, che tu ci creda o no, sempre più ricchi, ma anche sempre più poveri.
Se i poveri non hanno soldi da spendere, la tua

attività professionale verso quale target la rivolgeresti??

Chiaro no?

Questa è l'equazione di ciò che succederà entro brevissimo – e come ti dicevo – chi ci arriverà per primo si porterà a casa gran parte nella torta.

Le grandi catene, per come si stanno organizzando in questo momento, stanno puntando ad un target medio basso. Al target medio alto non ci sta puntando nessuno, se non il singolo professionista riconosciuto a livello locale o nazionale. Quello ci sarà sempre.

Creare una catena con alta qualità e con una formula imprenditoriale moderna, porterà qualcuno a diventare molto influente su questo mercato.
Attualmente però non credo ci sia qualcuno che mi stia a sentire in merito a questi argomenti".

Fortunatamente è arrivato il dolce a spezzare l'ansia ed io sono tornato a livelli di sudorazione più umani.

Era andata ed il mio commensale non era affatto infastidito – anzi – mi ascoltava persino con piacere.

Alla fine ho tirato un libro dalla borsa e l'ho consegnato tra le sue mani.
"Ma l'ho già Comprato su Amazon! Dovrebbe arrivare domani. Poco male, lo regalerò a mio figlio che si laureerà quest'anno.

A proposito, che cosa vedi per i giovani nel prossimo futuro"?

Credevo che il pericolo fosse scampato, ma evidentemente non avevo fatto i conti con la coda lunga delle domande a strascico.
Sembravo Berlusconi braccato da Travaglio.

"Beh, valuta che oggi l'odontoiatra ha un'età media di 52 anni circa (fonte Keystone) e fra 14 anni dovrebbe pensare alla pensione.

Il numero di laureati che vengono fuori delle nostre università non sarà sufficiente per colmare il divario che tra 15 anni ci sarà tra medico e paziente.

Questo significa che ci sarà un futuro roseo per i cinquantenni di domani, ma un futuro durissimo per i trentenni di oggi.

Il Libro Markedonzia non l'ho scritto di certo per i cinquantenni, ma per i trentenni che sono l'unica speranza per un'evoluzione concreta dell'odontoiatria in Italia. Tuttavia moltissimi cinquantenni mi hanno manifestato il loro apprezzamento e questo mi fa piacere".

Un drin insistente rompe il silenzio. Suona il telefono. E' la moglie del Dottore, mentre si è fatto tardi, dobbiamo andare.

CAPITOLO V

Basta accanirsi contro la pubblicità!

Stiamo assistendo ad un accanimento contro la promozione in ambito odontoiatrico senza precedenti.

A tutti livelli la pubblicità viene additata come il male assoluto per la professione medica, associandola ad un mero trucco commerciale per attirare ignari pazienti verso strutture con qualità ed etica più che discutibile.

Questo è il messaggio che passa dai media ed è purtroppo quello che pensa del marketing l'odontoiatra medio, tanto da etichettare che si occupa di marketing come "marchettaro", ovvero uno che si vende al miglior offerente, per non dire altro...

Complici di questo errato pensiero comune sono i cartelloni scellerati sparsi ad ogni angolo delle strade delle nostre città.

Tuttavia non biasimo chi la pensa in questo modo perché mi rendo conto che gli l'odontoiatri non hanno mai avuto a disposizione gli strumenti giusti per comprendere quali sono i parametri corretti di una promozione che renda unico uno studio dentistico agli occhi del potenziale paziente, senza utilizzare la leva del prezzo, a cui fanno ampio riferimento i suddetti cartelloni.

A tal proposito mi rifaccio ad un'affermazione detta da uno dei più grandi pubblicitari della storia, David Ogilvy:

> "Il marketing è verità detta bene".

Cosa significa questo?
Che il marketing non è il raggiro, non è fare apparire belle le cose brutte o di qualità le cose scadenti.
Il marketing è valorizzare i propri punti di forza tenendo conto della concorrenza.

Non giriamoci attorno, oggi non è più possibile parlare di rapporto qualità prezzo, di cortesia e di orientamento al paziente.
Gli odontoiatri si sono moltiplicati rispetto ai decenni precedenti e l'Italia, per di più , è in stagnazione demografica.

Ciò vuol dire che i dentisti si trovano oggettivamente a curare un numero percentuale minore di pazienti.

La soluzione?

Non di certo bandire il marketing e mettere la testa sotto la sabbia.
Anche se ci si copre gli occhi, il cambiamento che sta avvenendo non riguarda gli odontoiatri, ma i pazienti, che hanno già adottato dei metodi diversi per scegliere il proprio dentista.

Bisogna intercettare il potenziale paziente e parlare la sua stessa lingua e metterlo nelle condizioni di vivere un'esperienza unica all'interno della nostra struttura.

Per fare questo basta capire bene il marketing e governare il mercato attraverso il rispetto delle sue stesse leggi.

Sì, ho detto mercato perché chiunque è in possesso di una partita Iva si trova in una posizione in cui ha la necessità di acquisire pazienti, clienti o studenti.

Non esiste altro.

Il dentista, in quanto medico ha come obiettivo l'acquisizione di pazienti e di servirli attraverso l'erogazione una prestazione medica.

Certo, il medico è un mestiere nobile, ma prima di curare un paziente tocca pur sempre acquisirlo, altrimenti non si riesce a curare proprio nessuno.

Se qualche decennio fa il passa parola spontaneo era più che sufficiente per tenere in piedi uno studio dentistico e farlo prosperare, oggi il passa parola spontaneo non solo non è più sufficiente, ma è diventato sempre più raro a causa della standardizzazione della qualità.

Oggi l'utente non parla in maniera positiva per le prestazioni che riceve perché paga e dà per scontata la qualità.

Al contrario, ne parlerà qualora dovesse trovarsi male. La brutta notizia è che per per fare ciò esistono molti più strumenti di divulgazione rispetto ad un tempo.
Parlo naturalmente di social network e di Internet in generale.

Ho fatto riferimento anche alle leggi di mercato.

Il mercato ha delle leggi e qualunque sia l'attività, per prosperare, bisogna seguire quelle leggi. Persino gli odontoiatri e i medici in generale devono sottostare a queste leggi, almeno nella libera professione.

Conoscere il marketing non è altro che applicare quelle leggi sulla propria attività, non raggirando nessuno, né svendendo la propria professionalità.
A quello che manca oggi ai professionisti in ambito odontoiatrico è la cultura della promozione come brand.

Lo studio medico di quartiere potrebbe non andare più bene per i prossimi anni. Costruire un brand significherebbe crescere eticamente come struttura professionale e parallelamente come possessori di partita Iva.

CAPITOLO VI

Un nome "vero" per il tuo studio dentistico:

Come imparare grazie ai trucchi dei grandi fumettisti

Voglio cominciare questo capitolo parlandoti dell'Adidas. Cosa c'entra l'Adidas con il tuo studio dentistico?

Apparentemente niente. Tu lavori in bocca, mentre quegli altri fanno scarpe sportive.
In più loro sono tedeschi mentre tu lavori in Italia, anzi, in un'area delimitata del tuo paese o città.

A dire il vero loro lavorano in ogni angolo di questo mondo, anche nei più impensabili. Anzi proprio in quei luoghi sperduti il loro marchio è riconosciuto più che mai.

Ma non ti ho ancora detto il motivo della comparazione, vengo subito al dunque.

Ti risparmio la tiritera sulla storia epica dell'Adidas, anche perché di sportivo e di buoni valori c'è davvero poco.
L'azienda in principio era di proprietà di due fratelli – Adolf e Rudolf Dassler – che si odiavano a morte e per tanto tempo furono legati al nazismo.
Ma a noi noi questo non interessa.

Quello di cui c'importa è che il nome Adidas è arrivato dopo, molto dopo.

Quando finita la guerra il fratello più in gamba, Adolf Dasler – detto Adi – rubó di fatto il comando dell'azienda al fratello andato in guerra e la trasformò soltanto nel '48 nell'attuale Adidas attraverso una contrazione del suo nomignolo ADI e DAS dal suo cognome, Dassler.

Con un altro nome l'Adidas sarebbe stata la stessa?

Magari sì ma in verità non lo sapremo mai.

Il successo di tutte le attività commerciali a vario titolo, è costituito da molteplici fattori e uno di questi è sicuramente il nome.

Ignorare l'aspetto del nome in uno studio dentistico equivale a tralasciare uno di questi fattori.

Se per anni gli studi odontoiatrici si sono chiamati con la dicitura classica '*studio dentistico Dr Bianchi*' , ignorando che nella stessa città potesse esserci un omonimo – adesso con l'avvento di strutture più organizzate – questo fattore differenziante non può più essere ignorato.

> Uno studio odontoiatrico che intende ergersi (o emergere) all'interno del proprio mercato locale deve assolutamente scegliere un NOME adeguato al proprio posizionamento e che possa essere facilmente ricordato dal proprio paziente tipo.

Ma per scegliere un nome consono bisogna già avere le idee chiare su come voler essere ricordati, per cui risulta un lavoro zoppo nominare lo studio con nomi di fantasia a caso slegati dal posizionamento.

Mi spiego meglio. Chiamarsi "Studio Odontoiatrico Italdent" (sparo a caso, non so se esiste davvero) e servire solo i pazienti di Sesto Fiorentino presenta uno sbilanciamento tra la promessa che fa intrinsecamente il nome e la realtà dei fatti.

Praticamente si fa quella che nel marketing si chiama "overpromise" ancora prima di farsi conoscere e suonerebbe estremamente provinciale.

Inutile dire che dal punto di vista della comunicazione equivale a darsi la zappa sui piedi.

Neanche la web agency o quelli che ti fanno le brochure riusciranno ad aiutarti da questo punto di vista.

Creare un posizionamento rilevante e un nome (brand name) adeguato è una pratica quasi sconosciuta a chi esercita il cosiddetto "marketing istituzionale", perché si tratta di una delle operazioni più difficili da imparare, ma che rappresenta l'arma più letale in assoluto per attrarre clienti che pendono letteralmente dalle tue labbra in qualunque settore. Anche in quello medico.

Adesso ti dico una cosa che ti destabilizzerà un po':

Risulta così importante creare il tuo brand positioning che dovresti progettare lo studio sin dalla sua apertura in base a ciò che esso suggerisce.
Hai capito bene, prima viene il posizionamento attraverso lo studio della concorrenza e del mercato e poi decidi in che veste aprire.

Sembra assurdo ai tuoi occhi ma tutte le attività di successo oggi provengono da uno studio preventivo e dettagliato del mercato e uno studio dentistico non fa eccezione.

Ma perché questo brand positioning è così importante?

Semplice, perché non lavora sui prodotti (come farebbe la Unique Selling Proposition: USP), sulle prestazioni o sui servizi, ma direttamente **nella mente** dei potenziali pazienti ancora prima che vengano a contatto fisicamente con il tuo studio.
Lavorando sul brand positioning in fase preventiva non si fa altro che analizzare se nella mente dei nostri potenziali clienti c'è spazio per la nostra idea di business.

Un brand degno di chiamarsi tale comunica qualcosa al proprio pubblico soltanto pronunciandone il suo nome. Ciò accade perché ogni brand significa qualcosa di specifico e corrisponde ad una parola esatta nel cervello delle persone (chiodo verbale o verbale nail).

Come Coca Cola è sinonimo di bevanda gassata, come Scotch è sinonimo di nastro adesivo, anche il tuo studio dovrebbe essere padrone di una parola che comunichi in ambito odontoiatrico il tuo posizionamento, la tua specializzazione, la tua unicità fissandosi come un chiodo verbale nella mente del pubblico a cui ti rivolgi .

<<*Il nome è il gancio che tiene ancorata la marca sulla scala dei prodotti nella mente del consumatore*>>

Al Ries

Se non possiedi nessun attributo, per i tuoi potenziali pazienti rimarrai sempre uno dei tanti.

Uno per cui si pagheranno delle tariffe sempre troppo alte.
Un generalista.
Che fare allora?

La prima possibilità sarebbe quella di iniziare a studiare i libri di Al Ries, Jack Trout e Laura Ries, rispettivamente gli ideatori delle teorie del "brand positioning e del "martello visivo" e fare dei corsi specifici con formatori strettamente legati a loro.

La seconda possibilità è invece quella di affidarti a professionisti che da anni lavorano e studiano il branding in molteplici settori e hanno ormai affinato una specializzazione verticale nel settore degli studi dentistici.

Questa strada è senza dubbio la più veloce, ma presenta una sola controindicazione: **trovare un professionista con queste caratteristiche equivale letteralmente a cercare un ago in un pagliaio.**

Ma se volessi fare da solo, quali sono le dritte giuste per scegliere un buon nome per uno studio dentistico?
Innanzitutto ti dico che sono banditi gli acronimi, le sigle e tutto ciò che non ha un suono gradevole. La mente funziona ad orecchio, nella scelta del nome devi avere ben chiaro che dovrà suonare bene e dovrà scriversi altrettanto facilmente.

Sono preferibili i nomi brevi, ma anche i nomi formati da due parole non sono da evitare.

Non so se sei un patito di fumetti, ma attraverso i fumetti potrai apprendere molto bene qual è il modo corretto per nominare le cose.

Intanto facciamo una lista di caratteristiche che possono tornarci utili, poi faremo tutti gli esempi del caso.
Sei pronto?
Cominciamo.

Le sette regole d'oro per il naming perfetto

Regola #1
il nome dev'essere composto da una o al massimo da due parole, non di più.

Regola #2
Se composto da due parole, le due parole dovranno iniziare con la stessa lettera.

Regola #3
Il nome dovrà suonare bene attraverso l'ausilio di allitterazioni, rime o assonanze. Lettere che si ripetono all'interno delle due parole, lettere doppie.

Regola #4
Il nome dev'essere breve e di facile memorizzazione.

Regola #5
Il nome deve fare riferimento ad una caratteristica dell'attività o del posizionamento prescelto. Dev'essere riconducibile almeno in parte.

Regola #6
Il nome dovrà far parte della lingua italiana se operi in Italia. (In inglese se operi all'estero).

Regola #7
Utilizza le *crasi*: unisci parti di due parole in modo da inventarne una inedita.
Il risultato migliore sarà un nome che rispecchia le caratteristiche citate in precedenza.

Queste sono le sette regole guida che possono aiutarti a non commettere errori grossolani in fase di naming.

Ho fatto riferimento ai fumetti perché i fumettisti utilizzano con successo queste tecniche praticamente da sempre.

Ti faccio alcuni esempi.

Topolino in verità si chiama Micky Mouse. Il suo nome soddisfa la regola numero uno, la numero due, la tre, la quattro e la cinque. Così come Minnie, Duffy Duck, Paperino (Donal Duck), Roger Rabbit.

E che mi dici di Willy Wonka o di Peter Pan?

Anche i fumettisti nostrani fanno un gran uso di queste tecniche.

Pensa a Tex (nome breve ed evocativo), Zagor oppure i più moderni Dylan Dog, Nathan Never o Martin Mystere.

Queste tecniche non appartengono affatto ai creatori dei personaggi di fantasia di vecchia generazione, ma sopravvivono e risultano più efficaci che mai.

Se hai figli piccoli o nipoti, conoscerai senza dubbio Peppa Pig, che rispetta anch'essa questi principi.

Ma anche la sfilza di suoi amichetti hanno nomi del genere:

Danny Dog, Susy Sheep, Rebecca Rabbit, Zoe Zebra, Freddy Fox, Belinda Bear, Candy Cat, Emily Elephant, eccetera.

Naturalmente i prodotti commerciali utilizzano questi metodi da sempre, sfruttando spesso la regola #4 del nome breve come Dash, Pril, Google, Kodak, Apple, Bic. Ma anche la regola #2, il cui esempio più evidente è proprio Coca Cola.

Come avrai capito non esiste una ricetta magica per creare
un potenziale marchio di successo, esistono però delle tecniche più che consolidate che potranno permetterti di nominare per bene il tuo nuovo progetto e renderlo capace di introdursi con facilità nella mente delle persone per veicolare al meglio il tuo messaggio differenziante.

Io stesso utilizzo queste regole per creare i miei brand: Markedonzia per esempio è frutto della regola #7, infatti si tratta di una crasi nata dalle parole *marketing* e *donzia*, ovvero relativo ai denti.

Un modo pratico per aiutarti a produrre un buon nome è quello delle mappe mentali.
Uso spesso questo sistema perché ti permette di spaziare molto con fantasia mantenendo un filo logico con l'obiettivo che vuoi raggiungere: creare un nome efficace e che rispecchi il posizionamento.

Detto questo non è mia intenzione abbandonare questo capitolo senza aver concluso il racconto con cui abbiamo iniziato.
Mi riferisco alla vicenda Adidas.
Adolf e Rudolf Dassler in seguito scapparono in America rinnegando il nazismo e divennero famosi perché fecero un atto rivoluzionario nel mondo del marketing.

Fornirono per primi le scarpe agli atleti olimpici, inventando di fatto il marketing di Endorsement nello sport. Il loro brand decollò una volta per tutte quando Jesse Owens - primo atleta di colore a vincere una Olimpiade - indossò le loro calzature. Lo fece proprio nel '36 a Berlino sotto gli occhi di Hitler.

Ma le sorprese non sono finite. Sai che fine fece il fratello Rudolf nel '48 dopo la separazione dal fratello Adi?

Fondo la PUMA.

CAPITOLO VII

Il marketing odontoiatrico è una guerra di strategia che non si combatte sui meteoriti, ma nella mente

Nel marketing, come nella guerra, possono esistere diverse posizioni.
Per cui possiamo suddividere gli operatori all'interno di un mercato in quattro quadranti.
Dipende dalla condizione in cui ti trovi, ci sarà chi si difende (il leader), chi invece attacca (il N°2 o anti-leader), chi lavora ai fianchi cercando di aggirare il nemico (tutti gli altri) e c'è chi compie delle azioni di guerriglia (i pesci piccoli).

Prendendo questo assioma come punto di riferimento generale, quello che deve fare uno studio dentistico che vuole costruire delle solide basi per un marketing e una comunicazione di alto livello, senza buttar fuori offerte speciali a caso, è innanzitutto capire in quale quadrante si trova e agire di conseguenza.

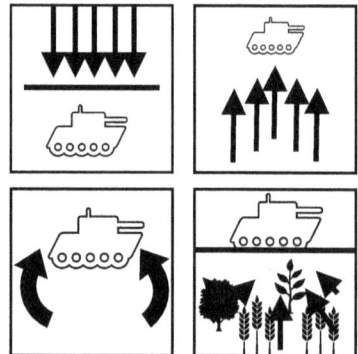

Purtroppo però, raramente verifichiamo sul campo atteggiamenti corretti da parte degli operatori del tessuto odontoiatrico.
I motivi sono molteplici, ma fondamentalmente questo accade per una totale

disabitudine del dentista alla promozione del proprio studio, e alla presenza di centri organizzati che promuovono azioni di guerriglia (e offerte in costante ribasso) anziché trovare una giusta collocazione all'interno del mercato.

Questo genera una grande confusione nell'odontoiatra, il quale si convince che il marketing si riduce ad una mera divulgazione di offerte stracciate attraverso i media.

Ovviamente non è così e il mio lavoro di divulgazione è orientato proprio a scardinare questa convinzione diffusa e a sensibilizzare l'odontoiatra verso l'unico modo che gli permette di lavorare in punta di fioretto anziché con mazza e clava come i suoi concorrenti. Il mezzo principe di cui deve dotarsi il dentista di oggi è il il brand positioning.

Avrai senza dubbio sentito parlare dello spot ironico del Bondì Motta, dove un meteorite arrivato dal nulla schiaccia una mamma mentre parla con la figlia...

Questo spot ha avuto parecchio successo e ha fatto parlare parecchio i media. Per questo i pubblicitari (e molti che di marketing non sono esperti, ma che sentono l'esigenza di dire la propria) pensano che si tratti uno spot che ha fatto il suo dovere per promuovere la merendina della Motta. Ma non è affatto così.

La storia della pubblicità è lastricata di spot creativi che fanno un gran parlare di sé ma che non contribuiscono minimamente alle vendite del prodotto pubblicizzato. Anzi, a volte addirittura le affossano. Questi pubblicitari vengono spesso etichettati come geni quando con i bilanci in mano, hanno combinato dei disastri.

Il Natale 2017 verrà ricordato come l'anno in cui la Melegatti - inventore del Pandoro nel 1894 - è praticamente fallita. Chi prende le decisioni in Melegatti è stato colpevole di una estensione di linea[4] che ha fatto crollare l'azienda e di aver commissionato l'anno precedente una campagna pubblicitaria con un testimonial completamente fuori luogo: Valerio Scanu. Un cantante semi-famoso (ex Maria De Filippi) per la sua ambiguità sessuale. Cosa che cozza tra l'altro con il concetto di famiglia rappresentato dal pandoro.

Non si tratta di essere razzisti o quant'altro, il posizionamento ha a che fare con lo stereotipo e questo va tenuto conto, pena il fallimento. Le confezioni dei pandori di quell'anno sono stati caratterizzati dall'immagine del cantante raffigurata sull'astuccio di cartone, oscurando la caratteristica forma della confezione, in grado di far riconoscere quel pandoro a miglia di distanza. Questo, insieme agli investimenti dettati dalla scelta di vendere anche le merendine durante il resto dell'anno, hanno dichiarato la debacle del marchio veronese.

---

[4] Per estensione di linea si intende una defocalizzazione da parte delle aziende rispetto al prodotto o al servizio per il quale sono identificate dal mercato e nella mente dei consumatori. Es. Melegatti è l'inventore del pandoro e se comincia a fare i cornetti estende la propria linea di prodotti verso un'altra categoria, quella delle merendine, già occupata per esempio da Mulino Bianco, MrDay ecc. bruciando risorse e annacquando il proprio brand.

Ma possiamo continuare all'infinito, non risparmiando nemmeno le multinazionali americane.

Gli spot della Coca Cola tanto carini con i pinguini secondo te sono serviti a qualcosa?

La Coca Cola – soprattutto in Usa – perde quote di mercato di anno in anno.

Secondo te a cosa serve uno spot, se non a far vendere più prodotti?

Vedrai che tra 3 mesi, quando ci sarà da fare i conti con il fatturato, l'agenzia pubblicitaria che ha sviluppato la campagna per Motta verrà licenziata come spesso accade in queste circostanze.

L'advertising come quello che si fa con gli spot in Tv, è una strategia di difesa del brand e dovrebbe soltanto ribadire le differenza con il prodotto concorrente e spiegare perché risulta più adatto al target di riferimento. Stop.

Se ci fai caso quello spot l'avrebbe potuto commissionare qualunque altra azienda. Non parla né del brand né del prodotto. E' un cortometraggio creativo slegato da tutto.

Tutto questo è similare a ciò che accade quando un'agenzia pubblicitaria ti sviluppa un sito o del materiale cartaceo "istituzionale". Lo sai perché lo fa?

Se in buona fede perché non sa fare altro.
Se in cattiva fede per solleticare il tuo ego.

Si tratta di una strategia sbagliata perché tu non sei ancora un brand riconosciuto e non devi difenderti da nessuno, ma attaccare se sei un "N.2", lavorare ai fianchi se sei un outsider, fare guerriglia se sei un piccolo.

Molto spesso il dentista non possiede nemmeno un'idea differenziante chiara per sferrare un attacco ai fianchi e il mercato è talmente acerbo che fare guerriglia a volte risulta inadatto.

Devi sempre tenere a mente che l'unico modo

per distinguersi in maniera naturale è

attraverso un attento studio della concorrenza.

Adesso ti faccio una domanda descrivendoti una situazione ipotetica in cui potremmo trovarci.

Io e te siamo chiusi dentro l'ascensore del tuo palazzo.
Tu hai lo studio al quinto piano e un tuo collega ha la stessa tipologia di studio al terzo piano.

Se a un certo punto io a bruciapelo ti chiedessi "la prossima settimana vorrei prendere un appuntamento da un dentista, ma non so ancora dove andare. Mi dici perché dovrei scegliere di fissare un appuntamento nel tuo studio e non andare dal tuo collega del terzo piano?"

Riusciresti a darmi una motivazione interessante nei secondi in cui la cabina ci porterebbe dal piano terra al quinto piano? Ovvero, in circa 15 secondi?

Pensaci bene, questa domanda è lo spartiacque tra uno studio con le idee chiare e uno studio ancora indifferenziato.

A scanso di equivoci ti elenco un po' di elementi su cui sarebbe <u>poco saggio</u> puntare

– *il mio studio è più nuovo e più bello*
– *Siamo più simpatici*
– *Abbiamo le assistenti più carine*
– *Abbiamo i prezzi più bassi*
– *Sono un dentista che non fa male*
– *Siamo ecologici*

– Trattiamo bene i nostri pazienti

– Pulizia e sterilizzazione

Come potrai notare questi sono elementi che potrebbe usare indistintamente anche l'omino del terzo piano.

Ciò su cui dovrai puntare tu dovrebbe invece riguardare la particolarità e la diversità del tuo studio rispetto all'altro.

Alcune idee potrebbero essere

– Siamo uno studio specializzato in…… e siamo aperti anche il sabato

– Siamo uno studio dentistico altamente tecnologico e abbiamo il 97% dei nostri pazienti che ritornano soddisfatti delle nostre cure.

– Siamo lo studio più organizzato del quartiere e vantiamo la collaborazione con sette odontoiatri che si occupano ognuno di una specialità precisa. Questo ci permette di avere

un livello professionale davvero invidiabile e non raggiunto dagli altri studi in zona.

... e al contrario...

– Il mio è uno studio mono professionale – e a differenza dei centri più grandi – sono io il responsabile di tutto.
Questa scelta mi permette di curare con più attenzione i miei pazienti e prendermene cura in prima persona in modo che loro possano avere un riferimento unico.

– Il nostro centro è organizzato in maniera tale che la richiesta di appuntamento non va mai oltre una settimana a differenza degli studi più grandi dove c'è da aspettare 3 mesi.

– Il mio studio nonostante si trovi in pieno centro possiede un parcheggio privato, esclusivo e gratuito per i pazienti e all'interno potrai trovare un'area attrezzata per i bambini. Questo consente un'esperienza serena e

rilassata anziché confusa e stressante come accade in altri studi in centro.

Ti ho dato una decina di spunti tutti miscelabili fra di loro e che potrai affinare a tuo piacimento. Naturalmente si tratta di elementi comuni che non ti rendono completamente unico in città, ma si differenzieranno di certo rispetto ai tuoi competitor locali.

Per innalzare il livello di caratterizzazione del tuo studio e costruire un vero e proprio posizionamento che ti collochi in un posto ben preciso nella mente dei tuoi potenziali pazienti, occorre naturalmente una completa analisi del tuo mercato specifico.

Se la tua intenzione è quella di imparare a fare da solo, allora il giusto posto dove andare è **www.dentistadifferente.com** . Troverai spunti e motivazioni giusti per te.

Ti rimborso
il prezzo del libro
VAI SU WWW.DENTISTADIFFERENTE.COM/LIBRO
E SCOPRI COME RIAVERE I SOLDI (BEN) SPESI...
19€ di sconto subito

CAPITOLO VIII

Le due leve del dentista

La location risulta ancora fondamentale per il successo di uno studio?

Come i grandi negozi si affannano per conquistare la vetrina più bella nella piazza principale della città, anche gli studi dentistici in passato hanno basato gran parte della loro possibilità di crescita sulla posizione in cui si trovavano.

Diciamo la verità, noi tutti abbiamo sognato una location di prestigio per il nostro studio, ufficio, ambulatorio o sede della nostra azienda. Un palazzo storico nel cuore di una bellissima città d'arte, oppure lungo il corso principale dove tutte le griffe hanno allocato il loro esclusivo punto vendita.

Quanto farebbe la differenza per il tuo business?

Tutta la differenza del mondo, diresti tu!

E hai pure ragione, perché fino a poco tempo fa, una delle pochissime leve che uno studio odontoiatrico esercitava per attirare pazienti era proprio la location.

Gli studi periferici risultavano un po' meno blasonati e frequentati.

Tuttavia ultimamente la tendenza è leggermente cambiata poiché nei centri storici si fa sempre più fatica trovare parcheggio e nei casi più complicati sarà impossibile trovare persino l'ascensore.

Ovviamente questo si ripercuote sull'accessibilità dello studio e sulla facilità di raggiungerlo in tempi decenti e senza particolari complicazioni.

Per questa ragione molti professionisti hanno deciso di fare a meno del blasone per dare rilevanza alla praticità e alla comodità di parcheggio e di raggiungimento.

E allora dove sta la verità?
È meglio uno studio elegante in un palazzo storico e signorile, oppure uno studio moderno e comodo, ma decentrato?

E ancora, è meglio un classico ambulatorio al secondo, al terzo o al settimo piano di un palazzo oppure risulta più efficace avere un fondo sul livello della strada per farsi vedere meglio dai passanti?

Analizziamo una domanda alla volta.

È indubbio che uno studio posizionato in centro, dove si concentrano gran parte delle attività urbane, risulta avere una visibilità completamente diversa rispetta quella di uno studio posizionato in periferia.

Se la tua targa risultasse evidente ai passanti, immagina quanta gente potrebbe notare la tua insegna passeggiando lungo il corso.

Sarebbero tanti e in certi casi la situazione sarebbe analoga a fare pubblicità attraverso un cartellone visibile dalla strada.

Ma questo tipo di strategia è ancora determinante per avere successo?

Ovviamente no perché i centri cittadini si stanno gradatamente svuotando e come abbiamo visto, risultano sempre di più difficile raggiungimento.

Oltretutto, le nostre strade sono ormai diventate un susseguirsi di cartelloni, di insegne luminose e di pubblicità.

A causa di questa ridondanza di messaggi commerciali, gli ultimi studi rivelano che l'attenzione media di una persona in presenza di un messaggio commerciale si riduce sempre più con gli anni.

Da uno studio del 2017 si evince che questo lasso di tempo è pari a circa quattro secondi.

Ti rendi conto? Le aziende investono in alcuni casi anche milioni di euro in pubblicità per ottenere quattro secondi dell'attenzione di una persona! Sembra incredibile, ma ti mette nelle condizioni di capire quanto la pubblicità come la conosciamo - per le piccole imprese - oggi stia andando verso la via del tramonto, lasciando il posto a tipologia di promozione molto più performante anche per i piccoli dai budget non milionari.

Qualcuno ha estremizzato l'importanza del fattore location.

Mi riferisco a quegli studi che hanno pensato bene di prendere in affitto dei locali all'interno dei centri commerciali.

In questo caso il numero di persone che si concentra in quel luogo, soprattutto nei weekend, è davvero notevole.

In questi posti poi, la politica commerciale di solito è abbastanza libertina, quindi potresti esagerare in merito alle dimensioni dell'insegna, potresti fare del volantinaggio all'interno del centro e potresti persino mettere- come accade per qualche studio più disinibito - una grande reception all'ingresso del centro commerciale, cercando di accalappiare attraverso delle aitanti signorine, quanta più gente possibile per una visita gratuita di controllo.

Tanto quella non si nega nessuno, no?!

Naturalmente sono ironico. A parer mio il dentista dovrebbe sempre far pagare la visita, ma questo è un altro discorso.

Andiamo invece a capire se e meglio allocarsi al piano terra o ai piani superiori.

A parer mio, questo interrogativo risulta abbastanza scontato e per questo non mi dilungherò più di tanto.

Io opterei senza dubbio per un locale sul livello della strada.
Risulta più visibile, soprattutto se dotato di molteplici punti luce a ridosso della via.
Questo comporta anche il vantaggio di una grande accessibilità poiché i pazienti non incontrerebbero barriere architettoniche con rampe di scale, gradoni ecc.

Analizzare il posto giusto dove impiantare il proprio studio, nel marketing si definisce placement.

Il placement, oltre a essere una delle 4P del marketing mix - in una visione un po' più tradizionalista e prodotto-centrica della disciplina - è soltanto uno dei molteplici pilastri che dovrebbero sorreggere il tuo business in odontoiatria.

Come ho affermato in altre circostanze, se il tuo business si basa soltanto sul posto dove hai deciso di aprire, oppure soltanto sul passaparola spontaneo, la tua attività è paragonabile ad un tavolino con un piede solo.

Referenze e passaparola spontaneo

Molto spesso chiacchierando con amici e clienti viene fuori che alcuni studi utilizzano come leva di marketing la possibilità di sfruttare la cerchia di amicizie e parentele del personale di studio.
Se poi le assistenti fanno vita mondana, la sala d'attesa piena è garantita.

Pare che in certi corsi consiglino questa pratica enunciando la teoria secondo la quale se due assistenti portano dieci amici ciascuno, lo studio avrà guadagnato venti pazienti nel giro di pochissimo.

In generale questa, chiamiamola tattica, se gestita per bene potrebbe portare nel breve termine un bel po' di linfa vitale allo studio in fase di start up. Dove per start-up intendiamo uno studio con meno di due anni di attività.

Tuttavia in questo modo **non si fa altro che delegare a un soggetto terzo** una delle cose più importanti che si possa effettuare all'interno di uno studio dentistico, ovvero l'attuazione di **un piano misurabile di referenze**.

Tante volte mi sono confrontato con i miei clienti ed ho suggerito loro di ricreare un sistema automatico di referenze attraverso delle cartoline da consegnare al paziente al momento del pagamento.

In questo modo il paziente acquisito avrà la possibilità di consegnare ad un familiare o un amico un buono sconto per provare la struttura ed il "referente" a sua volta, godrà di una prestazione gratuita o a prezzo ridotto come ringraziamento per il servizio reso.

Qual è la risposta dei miei clienti dentisti? Di solito il dentista storce il naso nascondendosi dietro il *"io non sono abituato a fare queste cose. Sono manovre commerciali che non si addicono ad uno studio dentistico come il mio".*

Mentre chiedere all'assistente di portare amici e parenti, quello è consentito?

Anche se questo tipo di operazione viene consigliata in molti corsi di gestione e marketing (che poi cosa c'entra la gestione con il marketing me lo devono spiegare), io ritengo che sia molto più etico richiedere referenze ad un paziente che ha già testato lo studio, rispetto ad un invito di un assistente che dice ai propri amici " se devi far l'igiene vieni allo studio dove lavoro che il dottore è giovane e non ha tanti pazienti".

Primo Motivo

Questa a casa mia si chiama elemosina e non dà di te una bella immagine se non quella di un pivello inesperto e diciamocelo, un po' sfigato.

Uno scenario negativo che ti si potrebbe presentare davanti è quello in cui per un motivo o per un altro, la tua poca esperienza ti tiri un brutto scherzetto e le cure somministrate ad un amico o ad un parente dell'assistente non vadano a buon fine come dovrebbero.

In questo modo ti sei bruciato tutta la possibilità di attingere (anche in futuro) alle famiglie del tuo personale poiché si spargerà la voce della tua défaillance e il vortice del passaparola positivo ti si ritorcerà contro, coinvolgendo anche il tuo personale (che ci penserà due volte prima di portarti un amico).

Mentre un sistema automatizzato di richiesta referenze ad un paziente che ha espresso grande entusiasmo dopo la fine del trattamento, risulta invece professionale e dà la sensazione di uno studio estremamente organizzato.

Il Secondo motivo

te l'avevo fatto presente qualche riga addietro e riguarda il fatto che delegando a soggetti terzi – in questo caso le assistenti – un'attività fondamentale del tuo marketing come quella dell'acquisizione pazienti, rischerai di non aver affatto il controllo dell'andamento del tuo studio, lasciando al caso la sua crescita (o decrescita).

Da un lato le assistenti porteranno pazienti in studio, ma dall'altro tu non saprai né come né perché.

Mi spiego meglio.

Tu dovresti sapere perché i pazienti vengono da te e attraverso quale canale.

La tua comunicazione dovrebbe parlare per te e comunicare al tuo target il motivo per cui tu sei perfetto per le loro esigenze.

Se nel 2018 lasci ancora al caso l'arrivo di nuovi pazienti, beh, ti auguro il meglio, ma credo che questo sia il modo migliore per fallire.

Terzo problema

Qualora la tua collaboratrice lasciasse il tuo studio per cogliere un'offerta più vantaggiosa da parte di un tuo collega, insieme a lei fuggirà una fetta della tua pazientela – e di conseguenza del tuo fatturato.
Potresti mai far dipendere una fetta del tuo fatturato da una mera coincidenze come questa? Immagino di no.

Il Quarto,

ultimo ed il più importante motivo per cui non puoi affidarti soltanto alla tua segretaria per ottenere nuovi pazienti si chiama teoria del Partenone, ed è una delle più importanti teorie di business degli ultimi tempi.

Il suo inventore si chiama Jay Abraham ed è senza dubbio il più autorevole esperto di marketing strategico in vita.

Come tutte le cose geniali, ti sembrerà ovvia, ma in verità nessuno ne aveva mai parlato in maniera così chiara.

LA TEORIA DEL PARTENONE

Questa teoria si è diffusa in maniera significativa in Italia successivamente ad un seminario del mio mentore nel 2015 ed oggi è decisamente il concetto di marketing strategico più affermato in circolazione. Oggi tutti ne parlano come se fosse una cosa normale e tutti se ne attribuiscono l'ideazione. Io risono limitato ad adattarla al mondo odontoiatrico.

Se il tuo studio come strumento per attrarre pazienti nuovi utilizza soltanto la leva delle amicizie delle collaboratrici, sarà esattamente come un tavolino sostenuto da un piede solo: estremamente traballante e con il rischio che se dovesse venire a mancare quell'unico sostegno, tutto il business crollerebbe su se stesso non trovando ulteriori appoggi.

Il modo corretto per far sì che la tua attività di dentista sia solida, sicura e resistente ad ogni evento previsto ed imprevisto durante la propria vita, è quello di dotare l'intera struttura di solidi e molteplici pilastri attraverso cui distribuire tutto il peso.

Proprio come il Partenone greco è in piedi da millenni, anche la tua attività rimarrà in piedi nonostante uno dei pilastri possa un giorno venire a mancare per ragioni diverse.

Quindi l'ausilio della cerchia di parenti amici del personale di studio può servire alla tua causa, ma in maniera marginale, perché da buon imprenditore tu avrai messo in piedi tutto un sistema di acquisizione pazienti diversificato.

Tutto ciò ti assicurerà stabilità nel tempo ed un flusso continuo di nuovi pazienti che si auto alimenterà indipendentemente dal turn-over del tuo studio, dalle capacità relazionali del tuo personale e soprattutto non farà affidamento su di un'unica leva.

Certo Corrado, come darti torto, il tuo ragionamento non fa una piega, ma quali sono gli altri pilastri?

Qui di sotto troverai un grafico che ti aiuterà a comprendere meglio quello di cui ti ho appena parlato.

Ti avviso, se sei profano del marketing e non hai nemmeno letto il primo volume di Markedonzia avrai difficoltà a comprendere al 100% tutto.

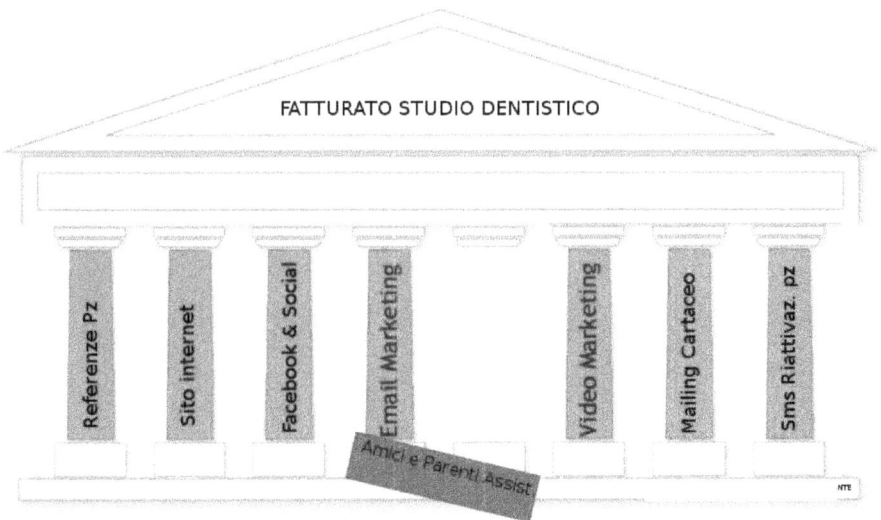

Ma se già mastichi il linguaggio del marketing anche solo un po' e per di più hai letto il primo volume, avrai sicuramente da lavorare in questi giorni per costruire uno alla volta tutti i pilastri che sono stati citati nell'immagine sopra.

Hai compilato di questionario di auto analisi riferito al marketing del tuo studio?

Non si tratta di niente di elaborato, soltanto un modo per renderti conto da solo da che livello (0-10) parti.

Vai subito su **www.markedonzia.com/ test**

CAPITOLO IX

Il regalo dentro al regalo: la magia della *"wow box"*

Lo scorso Natale, recandomi da un mio cliente, ho ricevuto come strenna natalizia un oggetto molto utile per chiunque, soprattutto per chi utilizza come me file digitali da trasportare in giro.

Si trattava di una memoria USB a forma di molare. Davvero un oggetto grazioso, bianco e dalla superficie gommata per attutire gli urti, su cui campeggiava il logo ed il nome dello studio.

La uso spesso e al di là del fatto che i caratteri si sono sbiaditi velocemente, ciò che mi ha lasciato davvero perplesso, dopo aver inserito la memoria nel computer, è stato uno shock per me trovarla completamente vuota.

E tu dirai, perché cosa speravi di trovarci, i file segreti di Wikileaks?
Il terzo segreto di Fatima?
Il nome dell'assassino di Kennedy?
D'altronde il regalo era la pendrive, mica il contenuto!

E anche questo è vero. Si tratta proprio del pensiero comune al 99% dei dentisti, i quali credono che regalare un oggetto con il logo stampato sia fare marketing.

Ma la realtà è completamente un'altra.
Fare marketing significa anche regalare al tuo cliente potenziale qualcosa di alto valore percepito e contestualmente, nutrirlo con dei contenuti utili alla risoluzione di un problema, in modo da far trasparire con forza la tua idea differenziante e il tuo obiettivo professionale. La tua mission, come direbbero quelli che hanno studiato.

Significa che dovrai dare al tuo paziente un motivo valido per percepirti come il punto di riferimento della sua salute orale.

Questo lavoro lo si fa creando contenuti utili conditi da una bella chiamata all'azione.

Senza un invito, una proposta o un test per una prestazione di prova, non hai chance di centrare l'obiettivo di marketing del tuo studio.

Quindi la vera sorpresa per il tuo potenziale cliente poteva essere di aprire il contenuto della memoria e trovare dei video esplicativi su come migliorare alcuni aspetti della salute della sua bocca insieme a un bell'invito in studio per eliminare completamente il problema grazie ad un trattamento professionale ad una condizione unica e irripetibile.

Un'offerta riservata a scadenza, dopo la quale il prezzo tornerà quello di sempre.

Insomma, un regalo non è abbastanza. Devi riempire il tuo cliente di attenzioni e di materiale, ma chiedere in cambio sempre qualcosa attraverso una chiamata all'azione (call to action).

Il regalo dentro il regalo è sempre il punto di partenza per creare l'effetto wow ai tuoi clienti.

Sei ancora convinto che i calendari col tuo logo siano la soluzione migliore per il tuo marketing?

Oppure credi che creare un'offerta riservata sia abbassarsi al livello dei mercanti di tappeti?

Ricorda che c'è una differenza enorme tra pubblicizzare i prezzi (anche sul sito come fanno dei tuoi stimati colleghi) e creare una proposta riservata a dei pazienti che intendi premiare, oppure nuovi clienti da acquisire.

Le proposte hanno inoltre tutte una scadenza, dopo la quale il prezzo tornerà quello di sempre.

Questo significa avere una strategia chiara oltre la quale non si dovrà mai andare.

Questo significa anche educare i propri pazienti a non chiedere sconti extra al di fuori delle proposte personalizzate e cucite su misura in base alla loro situazione.

Se farai questo sarai già anni luce avanti rispetto alla media immobile dei tuoi concorrenti, ma se vuoi fare davvero la differenza nella mente dei pazienti, esiste la Wow Box.

Cos'è la *wow box*?

Si tratta di un vero e proprio pacco fisico dentro il quale saranno introdotti una serie di materiali differenti.
Il pacco sarà consegnato a mano ai tuoi pazienti o spedito via posta o corriere, dipende a chi vorrai darlo.

I casi potrebbero essere due:

- il nuovo paziente a cui lo consegnerai a mano appena finita la prima visita.

- il paziente che vuoi riattivare a cui lo spedirai via posta.

In entrambi i casi sarà da includere un CD (o

una memoria usb non misura slim ma bella
grande)
con dentro dei video come descritto in precedenza,
dei materiali informativi in base alle patologie del
paziente, del materiale fisico dello studio come
Penne, libro se ne hai scritto uno, articoli di
giornale che hai scritto o che parlano di te e tutto
ciò che in generale possa conferire autorità alla tua
figura.

È importante includere un report scritto da te sulla
prestazione di riferimento (implantologia , endo,
orto, ecc) e concludere, come da copione, con un
invito per una visita senza impegno o per un test di
fattibilità.

Per concludere la procedura, chiuso il pacco,
sarebbe buona prassi dargli l'aspetto di un vero e
proprio regalo.

Quindi va bene abbellirlo in modo da far vivere al
paziente l'esperienza di scartarlo, aggiungendo una
coccarda o una personalizzazione che conferisca un
effetto gradevole.

A differenza di un singolo depliant che può essere
gettato via, di una chiavetta che potrà essere
cancellata e riutilizzata,

Attraverso la wow box il paziente avrà la percezione di avere in mano qualcosa di valore e non la butterà via.

A maggior ragione se metti dentro un libro, il tuo pacco e il tuo materiale in generale avrà il compito di invadere l'ambiente del tuo paziente.

Da quel momento sarai fisicamente nella sua libreria, sul suo mobile della tv accanto al lettore dvd o potrai rimanere per mesi sul comodino accanto al letto.

A chi vuoi che pensi un potenziale paziente quando avrà mal di denti o quando un Suo conoscente gli chiederà se conosce un bravo dentista?

L'obiettivo non dev'essere fare regali a casaccio per le feste comandate, ma diventare primi nella mente dei pazienti.

CAPITOLO X

LA DERIVA EXTRA CLINICA

Nell'ambito dentale esistono diverse figure di riferimento per la formazione cosiddetta extra-clinica.

E' diffusa talvolta la credenza secondo la quale chi non esercita la professione dell'odontoiatra non ha i requisiti per dare dei suggerimenti ai dentisti in merito a qualunque ambito, nemmeno quello del marketing.

Chi parallelamente alla sua professione medica esercita l'attività di coach o di formatore in genere, a volte dissente quando affermo che la professione odontoiatrica non è esente dalle leggi che regolano il mercato, e che anche in questo settore, il marketing risulta fondamentale.

Si parla, anzi si sparla, della deriva extra-clinica della professione come causa di tutti i mali.

Come se qualcuno avesse imparato tutto ciò che sa da un dentista, e non come spesso accade, da un tecnico o attraverso corsi non tenuti da medici.

Tuttavia rimango un pò stranito quando leggo i programmi dei corsi dove si insegna sia il marketing che il management: due cose distinte e separate.

E' già molto difficile trasferire nozioni relative al controllo di gestione, figuriamoci se aggiungiamo i concetti legati al marketing e alla sua applicazione!

Il marketing non è teoria, è un'attività che dev'essere testata in continuazione e in cui bisogna sporcarsi le mani con determinazione e conoscenze fino a quando non arrivano i risultati. Non basta saper stilare un piano di marketing, quando in carriera non si ha neanche un caso di successo di una "headline" che ha prodotto fatturato documentabile.

Sembra una sciocchezza, ma non è affatto un dato trascurabile. Credo non accetteresti mai consigli di forma fisica da un dietologo oversize.

Il professore di matematica non insegna italiano perché ha la passione per i grandi classici.

Il professore di religione non insegna ginnastica solo perché va in palestra.

Ecco, il marketing è come la palestra. Bisogna conoscere un po' di anatomia per giustificare i movimenti corretti affinché tu non possa farti del male con l'intento di mantenerti in salute.

Studiare la psicologia comportamentale applicata agli acquisti e conoscere il percorso decisionale del tuo target non c'entra assolutamente nulla con la gestione del personale, con la fiscalità e la leadership, per cui sarà un mio limite, ma non realizzo l'importanza di mettere insieme queste due discipline.

Tra l'altro chi conosce il marketing e lo applica, sa benissimo che la focalizzazione è senza dubbio uno dei principi su cui si fonda una strategia di lungo corso.

Di conseguenza chi promuovere due attività in contemporanea come il marketing e il management, non rispetta lui per primo una delle leggi di base del marketing.

Cambiamo discorso e parliamo di un altro mito da sfatare: quello relativo al "non esagerare ".

Avrai senza dubbio sentito dire da chi possiede una formazione accademica che il marketing è come un farmaco, che si somministra a giuste dosi perché il troppo è nocivo.
Quando leggo certe affermazioni mi rendo conto perché il mondo odontoiatrico in Italia è così ingessato e poco avvezzo alla comunicazione.

Da quando in qua comunicare tanto con il proprio target è controproducente?

"Se parli di più con un cliente rischi solo di vendergli altra roba", diceva un mio vecchio direttore commerciale. Ed è vero.

Ma poi, cosa vuol dire fare troppo marketing?

Comunicare molto?
Spendere tanti soldi in pubblicità?
Parlare male della concorrenza?
Qual è il limite che indica che stiamo esagerando?
Esiste una specie di etilometro che misuri lo stato di ubriachezza da comunicazione?

La verità è che si deve comunicare il più possibile, soprattutto agli inizi, quando devi impiantare nella mente dei tuoi potenziali clienti il germe del tuo posizionamento.

Ogni argomento e ogni occasione devono essere una scusa per confermare la tua tesi e per sancire con forza che il modo di gestire il problema che risolvi, risulta il più adatto ad una certa categoria di persone, ovvero il tuo target.

Al contrario di ciò che si afferma là fuori, la focalizzazione e la continuità sono i bracci di leva

più forti su cui appoggiare la tua strategia a lungo termine.
Il problema principale è che nelle università si studia il modo migliore per farsi assumere dalle grandi aziende per diventarne manager.
Non si studia per trasformare lo studente in imprenditore.

Il manager, è molto spesso una figura temporanea che passa da azienda ad azienda, da settore in settore, il cui scopo principale è quello di guardare i numeri nel breve-medio termine.

Il suo obiettivo principale è chiudere in positivo il quarter delle società quotate in borsa, oppure fare in modo di chiudere il bilancio dell'azienda che amministra sempre un pò meglio dell'anno precedente. Importa poco se +1%, +2%, o +5%.
Basta che sia un bilancio in positivo. Di solito la buonuscita lui la porta a caso lo stesso, chi porta avanti un'impresa no.

Queste sono strategie attuabili all'interno di aziende dai grandi fatturati, ma sono numeri completamente ininfluenti per un libero professionista o per una piccola attività.

Il 2% di 200.000 euro (il fatturato medio del dentista mono professionale italiano) è 4.000 euro.

Si tratta di percentuali che non spostano affatto gli equilibri di una micro impresa come uno studio dentistico.

Ciò a cui bisogna ambire invece, è quella che Jay Abraham, il noto guru del marketing strategico, chiama "Strategia della preminenza".

L'obiettivo dev'essere quello di risultare preminenti nella vita dei pazienti.
Bisogna diventare dei punti di riferimento come persone di fiducia, oltre che come professionisti, capaci di risolvere i problemi del loro cavo orale e di quello delle persone a loro più vicine.

<<Hai la responsabilità e l'obbligo di consigliare a quelle persone che cosa sia nel loro migliore interesse. Dare loro il miglior risultato a breve e a lungo termine.

E quando inizia consigliarli con il loro interesse a cuore:

non accetterai o permetterai più loro di comprare meno del dovuto...
meno combinazioni del dovuto...

meno qualità delle prestazioni del dovuto...
e meno frequentemente di quanto dovrebbero.

Sarai sempre concentrato sul fatto che più valore
aggiungerai, più successo otterrai.>>

Questo è un brano tratto da "La Bibbia del
marketing strategico" di Jay Abraham, un volume
in edizione limitata non in vendita, se non
all'interno di eventi attinenti.

All'interno di un mondo che sta cercando di ridurre
anche le prestazioni odontoiatriche a una
commodity indifferenziata e con margini
bassissimi, devi tracciare una linea di
demarcazione e distinguerti da tutti gli altri.

Il modo per farlo è quello di iniziare a pensare al
tuo studio come un brand. Conferire nel tempo a
tutte le tue strutture un sigillo di qualità a garanzia
del tuo operato e di quello del tuo team.

Ciò permetterà ai tuoi pazienti di riconoscere gli
elevati standard del tuo metodo di lavoro e di farli
diventare evangelisti del tuo messaggio.

Occorre però stare attenti ad un errore che si trova
dietro ogni angolo.

Il tranello del personal branding

Sarà fondamentale concentrarsi sul dare valore allo studio e al proprio metodo di lavoro, al suo approccio derivante dal posizionamento, perché se il brand diventi tu e non il tuo studio, cadrai nel tranello del personal branding.

> Il personal branding è amico dei liberi professionisti ma nemico degli imprenditori.

Pertanto dovrai studiare affinché tu possa diventare un'icona nel tuo settore, ma parallelamente far crescere il brand del tuo studio come un asset indipendente da te.

Nei tempi moderni Steve Jobs ha fatto scuola in questo. Ancora oggi il suo brand di "spoke person" per l'azienda dalla mela morsicata è più che mai forte nell'immaginario collettivo, come quello di un amministratore illuminato e lungimirante.

Ma parallelamente Jobs ha creato una famiglia di brand diversi come iPhone, iPod, iPad e iTunes.

Tutti questi nomi significano qualcosa di distinto nella mente dei consumatori, proprio come Gesù di Nazareth significa qualcosa di diverso rispetto alla Chiesa Cattolica nella mente dei cattolici.

Non si tratta di un'eresia, nè di una bestemmia. Sono entrambi due brand che durano da millenni.

Trasformati nel portavoce della tua impresa e non nell'operatore principale. Potrai continuare a fare ciò che ami - ovvero il dentista - e nel contempo creare qualcosa di unico che nel tempo diventerà monetizzabile in rapporto al suo valore.

Lo studio dentistico come una media-company

Talvolta è stato argomento di dibattito la mia presa di posizione sulla figura del titolare di studio dentistico, che secondo la mia visione, dovrebbe anche conoscere le fondamenta del marketing per vincere la battaglia contro la recessione economica e la concorrenza dei centri più organizzati e con più disponibilità finanziarie.

Affermo questo perché credo fortemente che nel futuro non vi sia spazio per chi non possieda al suo interno del personale addestrato alla comunicazione verso il proprio target.

Non intendo un vero e proprio reparto media, ma anche solo una persona dedicata alla promozione dello studio.

È questa la ragione per la quale non sono un grande sostenitore del concetto di delegare la totalità delle attività promozionali a società esterne o web agency.

Mi spiego meglio, la parte operativa di acquisizione clienti (lead generation) è senza dubbio un'attività che andrebbe delegata, ma la strutturazione e l'ideazione dei vari strumenti di comunicazione sia interna che verso l'esterno, dovrebbero essere ideati e gestiti da personale di studio ben addestrato.

Capisco anche che non è una cosa da mettere in piedi dalla sera alla mattina, ma occorre del tempo poiché si tratta di un' attività che deve essere maturata e fatta crescere coerentemente alle competenze e al cambiamento in atto allo studio stesso.

Questo grosso qui pro quo deriva dal fatto che anche tra gli addetti ai lavori rimane aperto il dibattito su cosa sia davvero marketing.

Il marketing non è solo la lead generation, né tantomeno la creazione di un sito Internet o del materiale creativo in uso allo studio.

Il marketing è un sistema di sistemi, organizzato da una o più persone all'interno di una struttura, la cui rotta è delineata dalla strategia.
Per dirigere questa orchestra bisogna conoscere il linguaggio macchina del marketing, ossia il copywriting a risposta diretta.

Se non si conoscono le basi di questo linguaggio non si potrà essere in grado di individuare e fare distinzione tra un messaggio che ha le carte in regola per funzionare, da uno che non ce l'ha.
Si tratta di decisioni che avranno un impatto diretto e sostanziale sulla vita reale dell'impresa, poiché queste decisioni si trasformeranno in due scenari ben distinti: la prima si tramuterà in denaro in entrata, quindi un profitto; la seconda in denaro in uscita, ovvero una perdita.

Stimare ciò è senza alcun dubbio compito dell'imprenditore-dentista, non del consulente esterno.

Con questo intendo dire che se chi sviluppa il piano marketing all'interno del tuo studio - qualunque mestiere faccia nella vita - non ha mai scritto

nemmeno un *neretto* su Pagine Gialle,
probabilmente sta lavorando più sulla teoria che nel
mondo reale. Non puoi pensare di scrivere un
romanzo non conoscendo nemmeno l'alfabeto, mi
sembra pacifico.

Io vedo il dentista moderno come un uomo abile a
padroneggiare i mezzi di comunicazione e per
questo dovrebbe diventare, nel tempo, un esperto di
marketing.

Lo vedo come un clinico consapevole del suo ruolo
di imprenditore e come uno "spoke person" nel
modo in cui insegna il buon Al Ries, il padre della
teoria del brand positioning insieme a Jack Trout .
Che sia quindi portavoce della sua azienda, come lo
era Jobs, giusto per concederci una citazione.

Spesso si ha un'opinione un po' troppo buonista
sull'ideatore dell'IPhone.
Jobs nonostante amasse le discipline orientali, non
era affatto il guru di luce che molti credono fosse.

Il creatore di Apple la sapeva molto lunga ed era
molto bravo a ripetere alle masse ciò che esse
amano sentirsi dire.
Ciò avveniva solitamente attraverso lunghe
interviste studiate nel dettaglio e in lunghi ed
ispiratori discorsi come quello famoso agli studenti

di Stanford, dove pronunciò la famosa frase "stay hungry, stay foolish".

Lui di solito non stava tanto a confrontarsi con i suoi uomini - ma da grande stratega ed esperto di positioning - faceva a modo suo, spesso andando contro i suoi stessi collaboratori, portando l'azienda di Cupertino ad essere la più capitalizzata di sempre.

Dopo la sua morte, l'azienda è tornata in mano alla finanza e molto è cambiato.
Guarda Apple adesso.
Sta tornando all'era pre ritorno di Jobs con mille prodotti simili, estendendo di fatto la gamma in maniera opposta alle regole del posizionamento dettate dal fondatore.

Questo è un discorso più complesso che tuttavia ha un filo logico con la voglia di esternalizzare i processi di marketing che hanno le imprese.

Inizialmente risulta essere un'esigenza, non lo nego, ma nel tempo ogni attività, anche quelle odontoiatriche (si, anche piccole) dovranno trasformarsi in delle micro media-company.

"Meglio essere primi nella mente che primi nel mercato".

Solo così costruiranno uno scudo antiatomico (il brand) contro i sempre più continui attacchi della concorrenza.

Come stiamo vedendo, società con importanti investimenti alle spalle sono già entrate in questo mercato, tuttavia la partita è ancora da giocarsi. La visione più pessimistica prevede un mercato odontoiatrico in cui, da una parte lo studio d'eccellenza tenderà a crescere sempre di più e dall'altra le cliniche low cost cercheranno di accaparrarsi tutto il resto. La fascia medio bassa.

Ma in mezzo esiste ancora una fetta sempre più ampia di odontoiatri - definiti da me "dentisti digitali" - che sta iniziando pesantemente a dire la sua in questo mercato, delineando una vera e propria *categoria*.

E se **"ogni categoria alla lunga è una corsa a due cavalli"** come dice il grande vecchio già citato, adesso che questa visione futuribile si sta sempre più delineando, bisognerà aprire gli occhi e mettersi al riparo attraverso il porto sicuro della comunicazione ricavandosi un posto nella mente del nostro cliente.

E chi deve pilotare il processo di comunicazione a lungo termine? Il consulente esterno, che rimane un mese e poi va via?
A un consulente si può demandare al massimo la risoluzione di problemi relativi al management, non di certo di quelli relativi alle strategie di marketing a lungo termine. Obiettivi e strategie sono prerogative di chi ha la visione imprenditoriale.

Le menti brillanti cui ti consigliano di circondarti, saranno i campioni del mondo dei tecnici.
Chi per le aree cliniche, chi per il controllo di gestione, chi nell'utilizzo dello strumento X per il marketing operativo, nelle organizzazioni più complesse chi con le vendite, chi per le joint venture con altre attività, chi con le Pr o nei ruoli di medio management, eccetera.

Ma la visione imprenditoriale dovrà essere quella che guiderà queste persone.
Le persone che troverai "nel mercato del lavoro" - ovvero i consulenti - saranno spinte da due fattori principali: il primo sono i soldi, l'altro pure.

Il problema del consulente è che potrebbe, dico potrebbe, soffrire di un grave conflitto di interessi. Essendo pagato dall'imprenditore, porterà sempre l'asino dove vuole il padrone.

Così facendo non farà realmente gli interessi di chi lo paga, ma i suoi.

Chi fa il consulente gestionale magari non ha questo problema, ma chi si occupa solo di marketing in questo problema potrebbe cadere con tutte le scarpe.
Non sempre le strategie che portano risultati a breve termine, sono delle soluzioni salutari nel lungo.

CAPITOLO XI

Esperienza d'acquisto e ergonomia comunicativa

Abbiamo visto in diverse circostanze come nel corso dei decenni, le abitudini dei consumatori, ivi compresi i pazienti, siano cambiate in maniera significativa. Siamo passati da un'era in cui per servire bene l'utente bastava avere il prodotto giusto, passando in successione da un servizio dalle caratteristiche più sfaccettate a un orientamento alle esigenze del nostro paziente garantito da cortesia, puntualità e prezzi non superiori alla concorrenza. Tutto questo condito negli ultimi tempi da un livello di garanzie adeguato.

Oggi, è ormai evidente che tutte queste componenti siano un punto di partenza e non più un punto d'arrivo come un tempo.

Questo perché siamo passati dall'era del prodotto all'era dell'esperienza.

I centri commerciali hanno battuto, negli anni, i tradizionali supermercati perché hanno garantito al consumatore un servizio di intrattenimento completo per tutta la famiglia.
In un unico centro potevi fare la spesa, fare shopping, dare una regolata ai tuoi occhiali un po' storti, cambiare acconciatura, far giocare un po' i bimbi e infine mettere anche qualcosa tra i denti senza girare per tutta la città.

Questo ha determinato un tale livello di servizio da coinvolgere persone di ogni età.

Naturalmente un luogo che ricopre così tanti aspetti dello svago per la famiglia, nel weekend (momento in cui la stragrande maggioranza dei consumatori trova il tempo per svolgere alcuni di questi compiti) si popola in maniera inverosimile e non risulta più così pratico e seducente come appariva in passato.

Questo perché bisogna fare talvolta i conti con le code chilometriche per arrivare, i caroselli delle auto in cerca di parcheggio e la massa non sempre educata di persone che popolano il centro commerciale con gli stessi nostri intenti.

Completano il quadro lo stress che si genera di riflesso, il nervosismo, il non trovare i capi della misura che si cerca perché qualcuno ce li a soffiati da sotto il naso e il fare una coda alla cassa per un cibo sicuramente non di livello gourmet.

Questo si ripercuote a livello sensoriale nella nostra esperienza all'interno di quel luogo.

Internet trova spazio proprio in questo tipo di insoddisfazione. L'e-commerce ci permette di ottenere gli stessi benefici di un'uscita di diverse ore per recarsi in un posto affollato a 20 km da casa, ma senza muoversi dal divano.

In questo modo l'utente medio ritrova il tempo perduto per fare insieme al proprio partner ciò che più ama, sostituendo lo spostamento con un paio di clic, senza vivere esperienze sgradevoli.

Così ci ritroviamo nel 2018 a verificare la chiusura di diversi centri commerciali nati appena un decennio prima.

Siamo entrati definitivamente nell'era dell'esperienza d'acquisto.

Di grandi brand puntano fortemente sul regalare esperienza confortevole perché faccio sentire speciali i propri clienti.

Ma come può un dentista sfruttare questa evidenza per il suo studio dentistico, che per natura cura le persone e non è di certo un luogo di svago?

E' evidente che ricreando un'esperienza d'acquisto immersiva all'interno dello studio si avrà la grande opportunità di mantenere alti i prezzi rispetto alla concorrenza, avendo pazienti contenti di pagare di più per ricevere un servizio differente e di alto livello di cui poter parlare.

Esistono molti studi su questo tema e spesso si fa riferimento a due tipi di esperienza: quella passiva e quella attiva.

Per esperienza passiva si intendono sia cose basilari - come l'ascolto di musica di sottofondo, il respirare fragranze profumate, sedere comodamente in accoglienti poltrone anziché in rigide sedie dell'Ikea, guardare la tv o gustare un buon caffè servito su un vassoio adeguato insieme a dei biscotti - sia attività che prevedono l'utilizzo della riflessione e del pensiero e quindi non di carattere motorio.

Ci si riferisce a livelli di interazione differenti, che riguardano oltre ai cinque sensi, anche l'aspetto intellettuale, come assistere o imparare nozioni e regole di igiene orale o - se ci si spinge più in là - il suscitare sentimenti come commozione, gioia e rilassatezza.

Stimolare sentimenti positivi in uno studio dentistico è sicuramente un buon modo per garantire al paziente un'esperienza estremamente positiva.
Sentire le urla di un paziente provenienti dall'interno dello studio operativo, invece un po' meno.

Quanto riguarda le esperienze di tipo attivo, invece ci si riferisce alla possibilità di far compiere al nostro paziente delle azioni di tipo fisico, come la possibilità di scegliere autonomamente la musica, la luce che preferisce, oppure farlo addirittura interagire con altri compagni d'attesa attraverso dei giochi di società messi a disposizione dal centro, in base all'età.

Tanto è stato fatto in ambito pedodontico per intrattenere i bambini. Sempre più sale d'aspetto sono dotate di un'area giochi in grado di distrarre i bimbi durante le attese dal dentista, ricreando per loro un ambiente accogliente, vivace e da cui si ritorna senza particolari traumi.

Sono fortunati i bimbi di oggi, si tratta di una situazione ben diversa rispetto a quella della mia infanzia, dove la sala d'attesa del dentista era uno stanzone pieno di gente addobbato con quadri brutti e disomogenei, un tavolino basso in vetro brunito e poltrone in finpelle color senape.

Alla fine dell'attesa il paziente aveva i nervi tesi come una corda di violino e quando il segretario (lo zio in pensione del dottore) chiamava il suo turno, scattava dalla poltrona come una molla, lasciando la rivista dell'anno precedente stropicciata che stava leggendo per la terza volta, proprio a coprire la gomma piuma emersa a causa di uno strappo poltrona.

Altro che Dental Spa del mio amico Simone Stori, si trattava di un luogo in cui in estate facevi la sauna in maniera naturale per via dei raggi solari siciliani che alle tre del pomeriggio filtravano dalle vetrate senza tende!

Ma torniamo a noi.

L'intrattenimento e l'evasione risultano sicuramente una parte importante del processo esperienziale, ma non sono di certo gli unici.

Oltre alla zona di accoglienza e attesa, le criticità nascono nell'ambiente clinico, che risulta concettualmente un posto più vicino al medico che al paziente.

Si potrebbe ammorbidire questo aspetto eliminando dalla vista del paziente, soprattutto dopo gli interventi, i ferri e in generale tutto ciò che fa riferimento al sangue.

Anche il passaggio delle assistenti da uno studio all'altro, dove a volte si incrociano i pazienti in entrata o in uscita, è una zona grigia a cui si dovrebbe prestare attenzione. Soprattutto se la destinazione è l'ambiente di sterilizzazione e il personale trasporta roba poco gradevole alla vista.

Anche la nostra condotta durante la permanenza in poltrona potrebbe essere migliorata attraverso pochi accorgimenti.

Utilizzare strumenti di distrazione per i pazienti più ansiosi è sicuramente un modo fantastico per abbattere drasticamente quella sgradevole sensazione di paura del dentista che molte persone si portano dietro.

Il mio amico Marco Catanzano è conosciuto a Napoli perché permette ai suoi pazienti di indossare un visore di realtà virtuale per smartphone con relative cuffiette.
In questo modo riesce a fare la differenza lavorando su due piani: quello della percezione di uno studio ad alto valore tecnologico e sotto il profilo di un'esperienza rilassante immersi in un video clip del gruppo musicale preferito o all'interno di una sequenza di immagini orientate a mettere il paziente a suo agio e far sparire l'ansia. Questa sì che può definirsi un'esperienza immersiva.

Come saprai, esistono sul mercato una serie di strumenti a base di gas rilassanti che riducono notevolmente l'ansia nei pazienti di tutte le età i in maniera non invasiva.

Questi potrebbero essere un mezzo per migliorare l'esperienza in studio per questo tipo di pazienti, così come l'anestesia senz'ago.

Anche il momento della presa dell'impronta, tra le esperienze più sgradevoli all'interno di uno studio, può diventare un modo per porre il paziente al centro della nostra attenzione.

Mostrare uno strumento per la rilevazione dell'impronta digitale prima dell'utilizzo risulta un'arma formidabile sia per il fattore tecnologico che per il fattore esperienziale del nostro ospite.

Mostrare le tecnologie di cui siamo in possesso in un tour guidato dello studio durante il primo incontro con il paziente, dimostra la nostra attenzione verso di lui e la nostra propensione verso i rapporti umani, che purtroppo a volte risultano deficitari tra medico e paziente.

A tal proposito mi viene in mente la celebre frase di Walt Disney, un maestro assoluto e pioniere dell'experiencial marketing , che recita proprio così: "i nostri non ci sono clienti, ma ospiti".

Questa potrebbe essere interpretata come una frase fatta, ma se si studiano bene i segreti che costituiscono tutta la magia dei parchi a tema Disney, si riuscirà a comprendere la maniacalità e l'attenzione che il vecchio Walt rivolgeva verso l'intrattenimento a 360°.

Accogliere il paziente in un rituale preciso e vistoso aiuta nel riconoscimento del tuo brand.
Immagina di avere due o più studi lungo la penisola dove la cerimonia di accoglienza risulta standardizzata.

Anche il paziente in vacanza in un'altra città potrà risolvere un'urgenza odontoiatrica con la garanzia di un' accoglienza (e un servizio sanitario) identici a quelli a cui è abituato.

Ciò permette di rafforzare la percezione del tuo brand e scatena dei sentimenti di sicurezza e protezione che avvicinano ancora di più il paziente al nostro marchio.

Grazie alla formulazione di nuovi modelli esperienziali, potrai ottenere dei vantaggi immediati anche a livello di studio.

Sarà così molto divertente e utile creare un apposito *selfie corner* dove potersi fotografare insieme ai pazienti che ti vengono a trovare e condividere sui social le immagini taggando il protagonista.

Questo modo di coinvolgere il tuo ospite ti faciliterà le cose quando dovrai richiedere una video-testimonianza post prestazione.

La creazione di contenuti per i tuoi canali di comunicazione diventerà più fluida e variegata e l'aspetto "riprova sociale" verrà amplificato dallo sfornare di immagini e video sempre nuovi e con gente diversa.

Successivamente tutte le testimonianze raccolte potranno essere trascritte periodicamente sul book delle testimonianze, da lasciare in bella mostra in sala d'attesa pronto per essere sfogliato da un potenziale paziente in cerca di conferme.

Anche il book delle testimonianze dovrà essere strutturato in maniera esteticamente gradevole, con un'impaginazione adeguata e appositamente brandizzato dal logo dello studio, così come ogni ambiente dell'ambulatorio.

Come nei parchi Disney, improvvisamente, nel bel mezzo della giornata, può succedere di imbattersi in una parata o in una festa tema, anche tu dovrai ingegnarti per creare dei momenti che suscitino sorpresa e stupore nei pazienti. Naturalmente non mi riferisco a parate, bande musicali e gente vestita in maschera che sbuca fuori dalla sterilizzazione.

Basterebbe ricreare una frazione della magia Disney per Incollare un bel sorriso sulla bocca dei tuoi ospiti suscitando simpatia e allo stesso tempo sorpresa e piacere di trovarsi in un luogo così accogliente.

Un'idea potrebbe essere quella di mettere in palio un gadget per fascia oraria e consegnarlo attraverso un sorteggio ad uno degli ospiti.
Tutto questo naturalmente non deve essere gestito in maniera monotona e frettolosa.

Come avrai capito il trucco per trasformare le piccole cose in magia è proprio riempire il momento con una breve cerimonia standard studiata appositamente.

Stappare una bottiglia e servire da bere al vincitore (e poi agli altri ospiti) con una musica riconoscibile di sottofondo, potrebbe essere la confezione giusta per un momento del genere.

Come spesso accade è il dettaglio che fa la differenza.

Far vivere un'esperienza positiva al paziente non è soltanto prerogativa del momento in cui varca la soglia dello studio, ma qualsiasi contatto con noi - diretto o indiretto - dovrebbe essere strutturato secondo questa filosofia di ergonomia comunicativa.

Se parliamo di un contatto telefonico, quanti di noi possiedono un'aspettativa positiva quando si parla di avere a che fare con un centralino telefonico automatico?
Immagino nessuno.

Si tratta spesso di operazioni macchinose che spazientiscono utente.

Mi vengono in mente le lunghe telefonate ai call center delle compagnie telefoniche di casa nostra, in cui dopo interminabili minuti a schiacciare sequenze di tasti per parlare con qualcuno in grado di risolvere il nostro problema, ci ritroviamo spesso a ripetere tutta la procedura per via della linea che cade o perché ci accorgiamo di aver selezionato la voce sbagliata.

L'alternativa più ottimistica è quella in cui raggiungiamo un operatore con forte accento albanese che a volte non risulta nemmeno in grado di interpretare le nostre esigenze.

La cosa incredibile è che lo stesso sistema di centralino con voce guida viene utilizzato per approcciarsi anche ai potenziali clienti.
Va da sé che si tratta del modo peggiore per venire in contatto con nuovi utenti, perché se il buongiorno si vede dal mattino…

Pure in ambito web la user experience risulta strategica, anche se a volte l'interpretazione dei dati risulta di difficile lettura per i non addetti ai lavori.

Avere un sito responsivo con i numeri di telefono cliccabili e in bella mostra è sicuramente utile, così come l'indirizzo e un modulo contatti evidente e con pochi campi da compilare. Sembra scontato, ma ti assicuro che non lo è affatto .

Per migliorare ancora di più l'approccio esperienziale al nostro paziente sarebbe utile dotarsi anche di una chat line in grado di intercettare e anticipare in tempo reale i dubbi e le domande dei navigatori.

Esistono per esempio dei **bot** in grado di essere programmati per dare delle risposte automatiche alle domande più frequenti degli utenti grazie all'utilizzo di un'intelligenza artificiale che lavora con la logica delle parole chiave.

Riuscire a rendere responsive e facili da navigare le proprie pagine web, come il sito e le landing page, equivale ad avere una segretaria addestrata a rispondere gentilmente a tutte le domande più frequenti e capace di trascinare il paziente verso l'appuntamento.

CAPITOLO XII

Gestire i contatti provenienti dal marketing

I pazienti arrivati da campagne di lead generation, nonostante i nostri addetti abbiano messo il massimo dell'impegno e delle conoscenze in questa fase, saranno comunque dei meri contatti.

Ovvero dei potenziali pazienti che si sono appena avvicinati al nostro mondo al fine di saperne di più.

Risulta fondamentale conoscere la distinzione tra paziente e contatto per non rischiare di incaponirsi e spazientirsi davanti a un rifiuto o davanti a un mancato appuntamento.

Devi entrare nell'ottica che queste persone non ti conoscono e sono diffidenti almeno tanto quanto non lo saresti tu al loro posto.

Per questa ragione voglio precisarti che diventa importantissimo conoscere il processo d'acquisto del tuo potenziale paziente e la sua esatta posizione all'interno di questo processo, nell'istante in cui ti ha contattato.

E' evidente che un paziente che ti contatta per un mal di denti ha un'esigenza ben diversa da quello che si sta informando per l'ortodonzia invisibile. Ma al di là del livello di urgenza di cui necessita la persona, i pazienti che vengono a contatto con il tuo studio saranno di sei diverse tipologie:

Primo Tipo

- il lead, ovvero un contatto vagamente interessato al nostro punto di vista, che ci chiede di approfondire la faccenda. Noi attraverso il nostro materiale di marketing lo nutriremo con informazioni che ci pongono come differenti rispetto ai concorrenti, portandolo alla fase successiva.

Secondo Tipo

- il prospect. Questa è la fase in cui il lead ha visionato il nostro materiale e chiede, o accetta, di incontrarci per conoscerci di più e capire se quello che hai promesso attraverso il marketing è pura fuffa oppure realtà.

Si tratta di una fase di esame. Il prospect valutarà la nostra accoglienza, i locali, il personale, l'organizzazione e per ultimo l'aspetto clinico ed economico.

Tuttavia ti scontrerai con molti di loro che ti chiederanno il prezzo subito appena entrati.

Questo denota alcune criticità sul fatto che il nostro marketing educativo non è stato abbastanza incisivo oppure i locali, il personale e l'organizzazione non hanno mantenuto le aspettative.

Ma come abbiamo detto, in questa fase non possiamo pretendere che tutti i pazienti siano profilati al 100%.

È normale che una parte delle persone arrivate attraverso il marketing non siano pronte per l'acquisto o perfettamente in target.

Proprio questo genere di paziente va inserito all'interno di un continuo follow up in cui manterremo viva la fiamma della nostra comunicazione finché la nostra voglia di "vendere" non si sarà sincronizzata con la sua voglia di "comprare".

I pazienti non in target ovviamente sarà meglio che interrompano da soli il dialogo con noi, poiché evidentemente non potremo essere i loro interlocutori.

Terzo Tipo
- Il passo successivo è quello dell'acquirente. Colui, o colei, che ha approfittato della tua proposta speciale e che ha optato per provare i

tuoi servizi, ritenendoli in linea con le sue aspettative.

Questa è una fase molto delicata perché si tratta di un momento in cui lo studio non guadagna tanto, anzi a volte potrebbe anche perderci.
D'altronde, come abbiamo detto, i clienti si comprano.
E se vuoi fare in modo che questi pazienti inizino un ciclo di cura, quindi diventino clienti, dovrai rispondere ad una loro semplice domanda: *"perché dovrei farmi curare da te, anziché dal mio vecchio dentista, da qualunque altro dentista o addirittura non farmi curare affatto"*?

Avere una risposta adeguata a queste domande è la chiave di volta per acquisire un paziente nuovo e per trasformare tutti i tuoi prospect, non solo in acquirenti, ma in veri e propri pazienti soddisfatti.

Quarto Tipo
- il cliente.
E' colui che ha accettato un piano di cura, torna ciclicamente e accetta i tuoi consigli clinici.

Questa persona va incoraggiata a lasciare una testimonianza in merito al tuo operato, va fatto sentire speciale e incentivato a far provare la struttura ad un amico o un parente.

Questa è la fase in cui dovrà intervenire in maniera consistente il rapporto umano.

Regola numero uno: chiamare una persona per nome è il primo passo per conquistare la sua fiducia.

Saluta per nome il paziente prima di farlo accomodare in poltrona!

Sembrerà scontato, ma in pochi lo fanno realmente.

Quinto Tipo
- Il Fan.

Il fan è il paziente che fa il tifo per te. Quello che ti elogia sia in privato che in pubblico e che non ti cambierebbe per nulla al mondo.

Tuttavia questi pazienti andrebbero portati attraverso il marketing allo stadio che meriterebbero, ovvero il successivo.

Sesto Tipo
-   Gli Evangelisti.

Il paziente evangelista è colui che non perde mai l'occasione di parlare di te agli amici, ai parenti e a chiunque si imbatta con lui in una discussione sui denti.

Si tratta di persone con cui hai un rapporto speciale e che spesso diventano amici, o quasi amici.

Ovviamente non possono essere numerosi, ma nel momento in cui riesci ad instaurare con loro un rapporto tipicamente da "fan", attraverso dei semplici strumenti di "referral marketing", li metterai nelle condizioni di procurarti automaticamente un ottimo numero di pazienti senza compiere alcuno sforzo.

Gli stimoli.

Ma per chi non possiede le doti innate tipiche del comunicatore, c'è speranza di imparare?

Naturalmente sì.
Credo fermamente che nella vita tutto si può imparare, persino ciò che per credenza popolare viene deputato a chi ha "la parlantina e la faccia tosta".

La migliore dote di un comunicatore è sicuramente la curiosità.
Fare domande è l'attività principale per instaurare un rapporto di conoscenza con una persona.

Pertanto se non ti vengono da sole, vorrà dire che le domande dovranno presentarsi davanti a te in forma scritta, in modo da non dimenticarle.

Le risposte, a sua volta, dovranno essere riportate accanto alle domande in una sorta di cartella clinica sociologica.

Uno dei processi a cui tengo particolarmente è quello che in Markedonzia Vol.1 ho descritto con il nome di *Tri-anamnesi*.
Ovvero un'anamnesi trivalente di carattere medico, odontoiatrico e socio-culturale.

Attraverso una sequenza di domande orientate a conoscere il paziente, si acquisiranno anche delle informazioni indirette attraverso cui inquadrarne la personalità, le attitudini, lo stile di vita e la sfera privata.

Ciò porterà ad una reale conoscenza della persona che ti troverai di fronte e questo ti consonetirà di instaurare un rapporto che andrà al di là del mondo professionale, dove tutti portiamo una maschera, raggiungendo direttamente l'uomo o la donna, con i suoi problemi, le sue paure, le ansie e soprattutto gli stimoli che la spingono a prendere delle decisioni.

Riuscire a capire cosa muove una persona nel suo intimo equivale a parlare la sua lingua e innescare il famigerato effetto empatia di cui tutti parlano.

Lo so, è dura scoprire che l'empatia non è solo un fattore naturale, ma può anche essere indotta. Altrimenti non esisterebbero i truffatori di professione o i grandi seduttori della letteratura, non credi?
Questi personaggi possedevano un vero e proprio archivio di frasi fatte adatte ai vari tipi di personalità.

Nel mondo professionale entrare in un'empatia "pilotata", utilizzando i feedback comunicativi giusti, ti permetterà di orientare il tuo paziente per quello che è davvero meglio per lui, senza perdere di vista le sua priorità personali.

Bada bene, non si tratta di coercizione, né di manipolazione.
Prendere delle decisioni nel mondo di oggi è diventata una vera e propria competenza.
Esistono persone che rimandano in maniera seriale anche le cose più importanti o che riguardano la salute.

Il sistema decisionale delle persone è diffusamente danneggiato, per questa ragione è nostro compito orientarle verso la soluzione più adatta alla loro condizione di salute, alle loro tasche e alle loro aspirazioni come individui unici.

Quante volte avrai consigliato a un tuo paziente un piano di cura che prontamente è stato cassato a vantaggio di una soluzione meno adatta?
Succede a tutti tantissime volte e spesso le motivazioni reali non appartengono alla sfera economica.

Conoscendo gli stimoli a cui rispondono le persone, i motivi arcaici che inducono un uomo o una donna

a compiere determinate azioni, riuscirai a giustificare le tue scelte terapeutiche non in base al tuo punto di vista, ma in base al loro.
Questo, ai fini della decisione, farà tutta la differenza del mondo.

Questa è la ragione per cui ritagliarsi un momento privato con il paziente, al fine di dettagliare un'attenta tri-anamnesi risulta determinante ai fini dell'accettazione di un piano di cura al termine della visita.

Il sistema di prima visita chiamato **LEVA** (leading effortless visit assistant) è stato recentemente scelto da *Style Italiano* e sarà fruibile attraverso un'app che aiuterà i dentisti di tutto il mondo a migliorare le performance di chiusura dei preventivi.
Cerca **AppLeva** su AppStore e GooglePlay.

CAPITOLO XIII

Come un brand standardizza la proposizione del preventivo

La presentazione di un preventivo è decisamente una delle fasi più ostiche per gli studi dentistici.

Nello studio medio non esistono dei protocolli fissi e si lascia molte volte questa importante fase nelle mani e negli umori del personale di studio.

Spesso la segretaria non fa altro che leggere ad alta voce un piano di cura, a volte anche in maniera poco comprensibile da parte del paziente, per chiedere infine un prezzo nudo e crudo, di solito percepito come molto alto e spropositato dal diretto interessato.

E' fondamentale trascrivere un protocollo di presentazione del piano di cura e di come eseguire correttamente la proposta di tipo economico, altrimenti si rischia di avere degli strani alti e bassi nel fatturato senza sapere il perché.

Oltre a questo, la procedura, in quanto standard, potrà essere gestita da più soggetti all'interno dello studio e imparata anche da nuovo personale in casi di licenziamento, maternità o sostituzione.

La proposizione di un preventivo dovrà avvenire seguendo un iter di tipologia commerciale, che inizia al momento dell'accoglienza del paziente, finisce temporaneamente quando il paziente esce dallo studio, per poi ricominciare quando il paziente ritorna.

Sarà importantissimo instaurare sin da subito un rapporto diretto con il paziente orientato e guidato dall'empatia. Chiamare il paziente per nome è fondamentale sia per il medico che per la segretaria.

Prima di parlare di soldi, dopo che il paziente sarà venuto via dall'area clinica per approdare all'interno dell'ambiente segreteria, sarà fondamentale chiedere il suo parere sulla visita effettuata, o sulle cure ricevute.

Quando si propone un preventivo, dopo aver instaurato un clima di fiducia, è fondamentale introdurre l'argomento denaro chiedendo al paziente se avesse già previsto un budget da destinare a questa cura.

Se il paziente risponderà di sì, lo inviteremo a comunicarci la sua aspettativa; qualora invece il paziente rispondesse di no, proveremo a spingerlo verso una somma "a maglie larghe", orientativa: da 2000 a 5000, da 10 a 15 eccetera.

Se la somma da lui indicata sarà di molto al di sotto della spesa reale, bisognerà chiedergli se per lui sia un problema arrivare fino alla somma reale.

La domanda successiva per chiudere più preventivi possibile - e permettere anche ai meno facoltosi di accedere alle cure - sarà la seguente: "ha pensato di destinare un budget mensile per la risoluzione di questo problema?"

"Quanto pensa di destinare al mese per risolvere definitivamente il suo problema"?

Ad una domanda chiusa, ci aspettiamo la risposta attraverso un numero, oppure la totale negazione da parte del paziente, che rimanderà e/o non vorrà oltremodo approfondire la faccenda .

Sarà indispensabile in questa fase avere già tutte le informazioni disponibili.
Ciò significherà avere sottomano tutti i dati relativi al piano di cura da presentare al paziente, mentre si trova ancora in poltrona.
Mentre la persona riceve le cure, infatti, il gestionale della segretaria dovrà essere aperto sul piano di cura del paziente, che man mano si andrà avanti con la visita, si aggiornerà con i dati introdotti dal medico a dall'assistente in poltrona.

In base a cosa risponde lui alla domanda relativa al budget mensile da destinare, noi avremmo già una risposta in termini di cifre.

Se il cliente su una spesa di 6000 € ci dice che potrà destinare un budget di 300 € al mese, noi sappiamo già che possiamo proporre un finanziamento a 18 mesi a tasso zero.
Qualora il paziente rispondesse con questa chiarezza, è logico che il paziente va chiuso immediatamente facendo firmare tutti moduli necessari all'attuazione del piano di cura e del piano finanziario.

Se il paziente non hai idea di quanto vuole/può spendere al mese, Saremo noi a mettergli le parole in bocca, suggerendo "50, 100€,200, 250, mi dica lei."

Molti studi adottano la formula a tasso zero per i finanziamenti, ma qualora la somma non fosse consona alle possibilità dello studio di proporre un finanziamento a tasso zero, sarà indispensabile introdurre gli interessi all'interno della rata.

Attenzione quindi a parlare di tasso zero all'inizio, o rischiamo di dover "vendere anche il finanziamento".

In questa fase daremo per scontato che gli interessi dovrà pagarli il paziente e non dovremo accennare al tasso zero.

In questo caso la parola d'ordine è proporre la rata.

E' importante ricordare di soddisfare le esigenze del paziente, perché lo studio incassa sempre l'intero importo e nei tempi concordati con la società finanziaria.

Come paga il paziente dovrà importarci relativamente, se in 6 o 48 mesi è poco rilevante. Quindi andiamo incontro alle sue esigenze.

Spesso il fattore interessi zero, è più un cruccio di chi propone, che di chi riceve il servizio. Chi riceve il servizio sa che dovrà pagarlo.

E' utile invece spendere due parole sulla possibilità di dare al paziente un ventaglio di proposte dalle quali scegliere.

Solitamente sconsiglio questa prassi, tuttavia nel tempo alcuni miei clienti si sono resi conto che proporre una doppia chances sul preventivo, risulta utile.

Abbiamo registrato una migliore incidenza sulla chiusura dei preventivi grazie alla presenza di una versione - per così dire -*smart* del piano di cura, da affiancare alla nostra proposta "tradizionale".

Abbiamo notato che in ambito implanto-protesico, inserendo una scelta *alla moda* come ALL ON 4 e ALL ON 6, la percentuale di chiusura dei preventivi aumentava sensibilmente.

Questo perchè soluzioni di questo tipo sono ormai entrate nel gergo comune grazie alle straordinarie doti di marketer di chi le ha introdotte sul mercato.

Queste soluzioni, oltre che meno costose, vengono anche percepite come più intelligenti e meno invasive.

Per cui, ove possibile e ove non si riesca a chiudere un preventivo in maniera differente, una scelta del genere potrebbe essere valutata e promossa già a carta jolly da giocarsi in fase decisionale.

Attenzione perché la doppia scelta permette al paziente di rimandare la decisione e all'operatore di defocalizzarsi dall'aspetto principale che è quello di farsi dire di sì, proponendo la soluzione migliore per il paziente.

La Figura Delfino

Un aspetto decisivo prima di introdurre l'argomento denaro, sarà quello di capire chi sarà il decisore reale.

È importante per questa cosa chiedere <u>sempre</u>: " è in grado di prendere una decisione da solo oppure è meglio che ne parli con moglie, marito mamma, papà?"

Spesso la figura *"delfino"* è colei che mette mano al portafoglio e di conseguenza rimane il vero decisore. Quella relativa alla presenza di un terzo decisore dovrà essere una delle primissime domande.

Per questa ragione è imprescindibile coinvolgerla sempre all'interno della procedura. Ripeto, sempre. Per cui, se ci si trova in una situazione di questo tipo, rimandare la presentazione del preventivo sarà la mossa vincente.

Con quale scusa?

Ovviamente quella clinica. "Il dottore si riserva qualche giorno per capire quali sono le soluzioni clinicamente più adatta a lei.

Fissiamo un appuntamento insieme a suo marito in maniera tale da parlarne tutti insieme e valutare sul da farsi".

Il consiglio è quello di invitare le due persone a prendere un appuntamento per presentare ad entrambe il preventivo e poter chiudere il contratto in quel momento.

Tieni a mente il fatto che qualora presentassi la tua offerta al solo paziente rischieresti di fare un buco nell'acqua e ti spiego il motivo: il paziente seppur nel suo interesse non riuscirebbe a trasferire al decisore "*con portafoglio*" null'altro che il prezzo dell'intervento nudo e crudo.
Voi in studio, invece avrete tante argomentazioni su cui fare leva per chiudere il preventivo.
Per cui, durante una proposta non lasciare nulla al caso e valuta il modo in cui chi ti trovi di fronte prende le decisioni.

I follow up
Se il preventivo non viene chiuso in prima istanza, sarà fondamentale avvertire i paziente che all'interno del documento consegnato è contenuta una scadenza.

Per cui risulta molto importante fissare una deadline al preventivo e monitorarlo attraverso dei follow up concordati con il paziente.

Essendoci una scadenza, sarà decisivo contattare il paziente il primo giorno utile successivo alla data determinata.

Ci sta che il paziente allunghi un po' il brodo e rimandi la decisione, ma dev'essere l'operatore a comprendere se lo stia facendo per motivi reali o per delle scuse belle e buone.

Se il paziente ci darà delle spiegazioni, bisognerà munirsi di pazienza e seguirlo all'interno del suo iter decisionale, consegnando a volte anche delle soluzioni ai vari ostacoli che si incontreranno.

Ma sarà altrettanto indispensabile parlare chiaro con la persona coinvolta e spiegarle che tale giorno a tale ora riceverà una nostra chiamata senza impegno e sarà sua cura rispondere anche per un rifiuto.

Se non risponde, che si fa? Si abbandona il paziente al suo destino?

Come accennato nei precedenti capitoli, non è detto che la nostra voglia di vendere sia sempre sincronizzata con la loro possibilità di comprare, per cui la differenza la farà la costanza e la regolarità di contatto.

Se il paziente non risponde 2, 3 volte al telefono, si opterà per un messaggio su Whatsapp o un sms. Se persiste o non possiede il cellulare, si proverà con una lettera e poi con una richiamata telefonica.

Il paziente - anche potenziale - è da ritenersi un bene dal valore molto alto, per tanto non va sprecato, a patto che non sia lui a chiederci di non contattarlo più.

Nel momento in cui il paziente non risponderà più alle nostre comunicazioni, dovrà essere "retrocesso" a lead (semplice contatto) e trattato come tale dal punto di vista del marketing. Quindi comunicazioni costanti e inizialmente relative al suo problema e lasciarlo rosolare lì finché non sarà lui a rispondere ad una nostra sollecitazione di massa per un appuntamento o deciderà di disiscriversi dalla nostra newsletter.

CAPITOLO XIV

Marketing e numeri: Il *lifetime value*

[Hai compilato di questionario di auto analisi riferito al marketing del tuo studio?

Non si tratta di niente di elaborato, soltanto un modo per renderti conto da solo da che livello parti.

Vai subito su **www.markedonzia.com/ test]**

Un'altra importante motivazione per la quale il dentista moderno non può fare a meno di conoscere il marketing è legata a doppio filo ai numeri.

Molti dentisti oggi fanno dei corsi di gestione full immersion dove imparano a comprendere tutti i numeri dello studio.
Scoprono attraverso un calcolo preciso, qual è il costo orario di ogni singola poltrona, conoscono precisamente il giorno dell'anno in cui iniziano a guadagnare davvero e imparano a fare dei budget previsionali che gli permettono persino di prevedere quante tasse andranno a pagare.

Tutte queste sono abilità davvero notevoli che sono proprie dell'imprenditore vero e non del libero professionista.

Ma come può il controllo di gestione sostenerci nella nostra attività di marketing, aiutandoci a non considerarlo come semplice voce di costo nella casellina "spese variabili"?

Semplice, stabilendo insieme a chi ci aiuta in questa intricata materia qual è il *lifetime value* del nostro paziente.

Si tratta di un termine apparentemente incomprensibile e ampiamente sottovalutato anche dagli addetti ai lavori, ma se mi concedi un istante per entrare nel merito, sono sicuro che capirai al volo quello di cui sto per parlarti.

Il lifetime value non è atro che il valore del paziente in termini di profitto nell'arco di tempo in cui rimane tuo cliente.
Una formuletta molto semplice per calcolarlo potrebbe essere questa:

LTV= T x S x G

Dove

T = durata in anni del rapporto tra paziente e studio

S = spesa media annua del cliente

G = guadagno percentuale

Presupponiamo che la spesa media di un paziente in un anno sia di 1500€, che il cliente continui a curarsi da te in media per 15 anni e che il guadagno percentuale medio sui trattamenti sia del 40%, il valore del LTV sarà:

LTV= 15 x 1500 euro x 0,40 = 9.000

significa che il profitto annuo per paziente si attesta intorno alle 600€ (9000€/15anni)

Si tratta di un dato estremamente importante che ci permette di affrontare un'altro argomento fondamentale nel confrontarci con il marketing da imprenditori e non da dilettanti:

I clienti si comprano.

Già perché conoscendo il LTV del paziente saremo in grado di stabilire quanto saremo disposti a pagare per acquisirne uno nuovo attraverso il marketing.

Sapendo che - ad esempio - ogni 5 contatti che arrivano dal marketing ne chiudiamo uno e che ogni 5 contatti chiusi - a cui abbiamo eseguito una prestazione che ci fa recuperare le spese di acquisizione - a sua volta, uno diventa cliente fisso, potremo ipotizzare di poter spendere 400€ per comprare un paziente?

Direi di sì, perché sappiamo che in un anno, mediamente questi pazienti ci garantiranno un profitto di 600€ (-400€ per l'acquisizione =200€ per il primo anno).

A questo punto bisognerà capire che se vogliamo fare impresa dobbiamo ragionare in termini di lifetime value e non in termini di prestazione singola.

Di solito si punta a fare il 100% dei profitti anche su prestazioni d'ingresso come l'igiene o l'otturazione, perché giustamente, al corso c'hanno insegnato che la poltrona costa tot, il materiale costa tot e l'igienista costa tot.

Ma questo ha un valore relativo se si guarda al lifetime value!

Spesso crediamo che - siccome i pazienti arrivati dal marketing spesso sono in cerca di preventivi o sono stati attirati dall'offerta che abbiamo proposto

- siano tutti degli approfittatori che vogliono erodere i nostri margini.

In verità, se abbiamo imparato a leggere i numeri, ci dovrà importare relativamente di quanto abbiamo lucrato in una singola prestazione o quanto abbiamo incassato quella singola giornata.

A noi basta sapere che il nostro obiettivo commerciale dovrà essere di incrementare il numero dei pazienti nuovi da una parte e il lifetime value e dall'altra e non di lucrare al 100% su tutto.

Solo così si potrà aumentare il fatturato in maniera esponenziale, invogliando i pazienti a spendere di più all'interno del tuo studio.

E come si incrementa il lifetime value?

Aumentando il gettone medio per transazione.

Significa che per aumentare in maniera esponenziale il fatturato - oltre a fare più pazienti - dobbiamo aumentare il numero di prestazioni erogate per seduta e non il profitto di una singola operazione.

Per fare questo dobbiamo padroneggiare le tecniche di upselling e cross-selling.

Ne parlo più approfonditamente nel primo volume, ti faccio due esempi molto banali in modo da essere quanto più chiaro possibile: da Mcdonald's quando ordini le patatine o una bibita, il commesso è addestrato a chiederti se vuoi la versione maxi. Questo è l'upselling. Mentre se chiedi un hamburger, ti viene proposta la bibita e/o le patatine. Questo è il cross-selling. Insomma, si tratta della proposizione di un servizio in versione premium o servizi complementari a quello che il paziente sta acquistando.

So che stai pensando, "mi avrai mica preso per Mcdonald's, io sono un medico!".

Certo, è ovvio, ma il principio non cambia.

Cerchiamo di mantenere sotto controllo il *confermation bias**5*.

Dobbiamo avere chiaro e protocollato che quando si effettua una prestazione bisogna avere pronte una serie di proposte relative a trattamenti migliorativi o complementari alla prestazione che si sta eseguendo.

Ciò si potrà effettuare attraverso la pacchettizzazione dei servizi più comuni come igiene e otturazioni o proponendo un'estensione

---

5 È un processo mentale che consiste nel ricercare, selezionare e interpretare informazioni in modo da porre maggiore attenzione, e quindi attribuire maggiore credibilità a quelle che confermano le proprie convinzioni o ipotesi, e viceversa, ignorare o sminuire informazioni che le contraddicono. Il fenomeno è più marcato nel contesto di argomenti che suscitano forti emozioni o che vanno a toccare credenze profondamente radicate.
Spiegazioni per questo bias includono il pensiero illusorio e la limitata capacità umana di gestire informazioni. Un'altra spiegazione è che le persone sopravvalutano le conseguenze dello sbagliarsi invece di esaminare i fatti in maniera neutrale, scientifica.

della garanzia in implantologia, ricreando dei programmi speciali per bambini o servizi ad hoc per i pazienti sportivi, eccetera.

Sarà indispensabile addestrare il nostro personale e far diventare questo metodo una prassi consolidata.

Per fare questo si dovranno conoscere a fondo i numeri dello studio e studiare prezzi e tempistiche per ogni proposta.

Mettiamo il caso che il tuo studio possiede 300 clienti attivi che ti fanno visita in media 3 volte in un anno e ognuno spende in media 300€, con un margine di profitto per te del 30% .

Il tuo profitto netto, al fronte di un fatturato di 270.000€, in questo caso sarà di 81.000€ [(300x3x300)x0,3].

Se lavori in modo sistematico ponendoti l'obiettivo di aumentare del 10% gli elementi descritti, avrai una situazione di questo tipo:

1. 330 clienti
2. che acquistano in media 3,3 volte in un anno
3. a cui fornirai una prestazione del valore medio di

330€
4. con un margine di profitto del 33%

[fatturato=330x3,3x330]

Il tuo fatturato subirà un incremento del 33,1% arrivando a 359.370€ ma il tuo profitto netto in questo caso sarà di 118.592€.

Se la matematica non è un'opinione, questo innocuo calcolo in cui abbiamo ipotizzato un incremento dei fattori del 10%, avrà fatto passare il nostro profitto dal 30% al 46,4%.

Non male se si pensa che non si tratta del fatturato, ma di quello che ci rimane in tasca.

Questo è il motivo per cui le crescite del 3%, del 5%, del 7%, sono proprie delle organizzazioni grandi.

Le piccole attività hanno grandi possibilità di gestire tutto in maniera molto più snella e significativa.

Il fatturato è relativo, potrebbe anche stagnare o crescere di poco, quello che conta è il profitto, il liquido che ti rimane in tasca a fine anno ed avere la consapevolezza di come farlo crescere. Diffida di chi racconta il contrario. I giochi con la finanza lasciali fare a Jeff Bezos o a Elon Musk (tra l'altro anche a Tesla ultimamente le banche hanno dato l'aut aut).

Adesso prova solo a immaginare di aumentare ognuno di quegli elementi del 15% anziché del 10%.

Scoprirai che il profitto finale ammonterà a 141.669€, sancendo un incremento di ben il 75% del tuo utile! Sono oltre 60.000€ all'anno che rimarrebbero in tasca rispetto alla condizione standard.

Guardare ai numeri dello studio - come di qualunque attività - in maniera strategica e non con l'atteggiamento del ragioniere, potrebbe cambiare radicalmente il tuo approccio al marketing. Per cui ragiona bene su come aumentare i parametri appena descritti e pianifica in maniera dettagliata la tua crescita grazie al marketing, migliorando le tue capacità di negoziazione e quelle del tuo personale.

CAPITOLO XV

Bella la teoria, ma la pratica?

A lui risultava normale fissare un appuntamento con questo consulente commerciale di una nota agenzia pubblicitaria per discutere in merito alla creazione di un sito internet per il suo studio dentistico.

Il sito è bello, non c'è che dire, scritto con testi aulici e con immagini prese da siti che vendono belle foto professionali a pagamento.

Non c'è che dire, questo sito web ha proprio un bell'aspetto, tuttavia dopo sei mesi non ha prodotto un solo contatto utile per la cassa dello studio.

Beh, sembra normale, il marketing per i dentisti, lo ripeti sempre, non funziona!
Però gli odontoiatri hanno sempre la speranza di avere torto e si affidano a persone che mostrano loro mari e monti, ma che poi in sostanza realizzano un misero sito web visibile solo agli occhi del padrone.

Quanto riguarda i costi che ha dovuto sostenere il mio amico. Se sei debole di cuore ti consiglio di metterti a sedere e tenere a portata di mano un bicchiere con dell'acqua fresca con dei sali. Non si sa mai.
Sei pronto?

Per un sito Internet nudo e crudo il mio amico ha sborsato 12.000 € tondi tondi!

In tutto questo il sito risulta completamente invisibile motori di ricerca, nel progetto non era prevista nessuna campagna per promuovere il sito e l'unica offerta che hanno pensato di produrre insieme al cliente, è stata pubblicata su una pagina Facebook visualizzata fino a qualche giorno fa, da 37 persone.

La cosa triste è che il suo studio si trova in una località abbastanza piccola, di conseguenza rendere visibile quel sito non era un lavoro dove servivano competenze straordinarie.
Serviva soltanto avere le basi. In questo caso le basi evidentemente mancavano.
Ma bando alle ciance, cosa avrei fatto io in quella situazione?

Tieniti pronto a prendere appunti perché una o due cose potrebbero servire anche a te e magari potrai persino realizzarle da solo, senza l'aiuto di tecnici. Iniziamo.

Innanzitutto io avrei indicizzato meglio le pagine del sito per apparire visibile sui motori di ricerca con chiavi correlate alla località dove si trova lo studio. Parallelamente avrei migliorato i testi del sito per renderli più fruibili ai meno esperti in materia odontoiatrica (il sito è indirizzato ai pazienti e non ai colleghi dentisti).

Poi avrei compilato per bene la scheda di Google my business. Per intenderci avrei cercato di venir fuori attraverso le mappe di Google.

Si tratta di una strategia molto utile perché nei risultati di ricerca, di solito le mappe stanno sempre all'inizio della pagina.

Oltre a parlare bisogna anche agire e spesso risulta la cosa più difficile da attuare.

Nella vita di tutti giorni infatti apprendiamo decine di concetti nuovi che ci sembrano fin da subito molto pertinenti e corretti. Molti di questi riteniamo siano applicabili anche al nostro settore o addirittura alla nostra impresa, ma quante volte ci fermiamo ad analizzare come possiamo mettere in pratica quel consiglio o quell'idea, in modo da portare maggiori introiti al nostro business o semplicemente migliorarne i suoi processi?

Quasi mai.

L'esecuzione risulta essere molto più importante dell'idea che riteniamo geniale.

Ci sono migliaia di persone che hanno in mente da anni un'ottima idea per rivoluzionare un settore, o addirittura cambiare il mondo, tuttavia non lo fanno, perché?

Secondo te fare hamburger e venderli in tutto il mondo attraverso una catena di ristoranti è un'idea geniale?

Diciamo che è proprio un'idea banale (per lo meno oggi), ma è proprio l'esecuzione a trasformare un mediocre panino, nella catena di ristoranti più diffusa al mondo.

Il classico proverbio "tra il dire e il fare c'è di mezzo il mare" potrebbe essere adattato al mondo degli affari attraverso un sillogismo come "tra il progettare e il realizzare, c'è di mezzo l'esecuzione".

Spesso in una chiacchierata tra amici vengono fuori delle idee strabilianti, sviluppate in ogni dettaglio e con una soluzione adeguata per ogni problematica che ne scaturisce.

Riflettici, ti sarà capitato mille volte, com'è capitato mille volte anche a me.
Ma tra progettare sulla carta (o in punta di lingua) un'idea buona e costruirci attorno un'impresa, passa tutta la differenza del mondo, per cui il passo successivo alla descrizione di un'idea di marketing

è sicuramente la sua trascrizione nei minimi dettagli.

Successivamente è giusto anche prevedere, vantaggi, rischi, pericoli e opportunità che ne derivano.
Gli esperti di marketing tradizionale chiamano questo piano strategico analisi Squot, ma in effetti non è altro che un trasferimento all'interno di quattro quadranti di valori che di solito vengono analizzati intrinsecamente con la logica.
Espletando anche graficamente questi dati, si ha la possibilità di visualizzare meglio quali sono i punti di forza e di debolezza del tuo progetto.

Ma fin qui, siamo ancora alla teoria. Come dicevamo, il gioco si fa interessante solo quando disponi le carte sul tavolo e inizi a fare le tue mosse.

Vuoi sapere quali sono per me i tre requisiti fondamentali per fare un'ottima esecuzione?
Non ti scandalizzare:

1) avere le idee chiare (le competenze giuste)
2) avere (o dotarsi) di grosse palle
3) la determinazione

Le idee chiare le puoi avere se pianifichi le operazioni da fare sulla carta.
Le determinazione, se non ce l'hai, te le fai venire attraverso la spinta che ti dà la fame di cambiamento.

Occorre coraggio per cambiare e occorre voglia. Spesso non si tratta nemmeno di cambiamenti radicali, ma soltanto di scardinare alcune credenze limitanti che hanno a che fare con la professione del medico o sulla relazione che intercorre tra l'odontoiatra e il marketing. Il famoso *confermation bias* già citato.

Leggere un libro non basta. È già un inizio che indica un approccio positivo, ma il passo seguente dev'essere avere un obiettivo da raggiungere e pianificarlo insieme ad un professionista.

La strategia dovresti dettarla tu, ma per farlo dovrai studiare le basi del marketing e capire dove ti trovi all'interno della scala nella mente dei tuoi potenziali pazienti.

Si parte dal posizionamento, senza di quello rischi di fare dei buchi nell'acqua quanto una casa e buttare via molti soldi.

Mi rendo conto che lavori dodici ore al giorno e non puoi pensare a tutto, quindi è fondamentale che tu ti possa affidare a qualcuno che conosca il tuo settore, qualcuno che condivida a livello strategico i valori di brand positioning e le strategie a lungo termine, e che possibilmente non ti dica sempre di sì perché gli stai commissionato il lavoro.

Messo a punto il piano strategico, non pensarci due volte e inizia con l'esecuzione.
Non è semplice ottenere risultati e pretendere folle di pazienti dietro la porta dello studio dopo appena due mesi di lavoro è a dir poco utopia.
Pensare questo è da mondo delle favole, tuttavia non c'è altra scelta: prima inizi a fare marketing e prima otterrai i risultata dalla strategia che hai ideato.

Ti mostrerò come, attraverso la focalizzazione, si possono ottenere dei risultati di percezione parecchio differenti rispetto all'essere un dentista generalista.

E ti dimostrerò come, comunicando un messaggio unico e focalizzato, il nostro target riesca a recepire con più semplicità il nostro messaggio, in modo tale da piantare quel famoso semino nella sua mente e piano piano farlo crescere innaffiandolo ogni giorno con un'informazione costante.

Come la goccia scava la pietra.

Per questa ragione ho progettato un percorso telematico step by step che ti permetterà di ricreare il mio itinerario logico quando si tratta di realizzare nuovi brand in odontoiatria.

Ho letteralmente decodificato il processo mentale che sta alla base della creazione dei nomi, degli slogan e addirittura dei loghi per brand emergenti dell'odontoiatria italiana, fornendoti gli anticorpi giusti per tenere lontano coloro i quali vogliono solo farti fare pubblicità "istituzionale" e inutile.

Si tratta di un vero e proprio video corso strutturato in ben sei moduli attraverso cui lavorerai sul posizionamento e sull'idea differenziante del tuo studio, evitando i più clamorosi errori che si possono commettere quando si è alle prime armi.

Hai inteso benissimo, attraverso tutto questo materiale potrai finalmente strutturare una vera strategia di posizionamento fai da te, inserendo una tessera dietro l'altra nelle apposite caselline che io avrò preparato per te.

Ma non voglio tediarti ulteriormente, vai subito su www.**dentistadifferente.com** e guarda il video in cui ti mostro cosa ho preparato per te.

In bocc'al lupo.

FINE

Adesso che hai finito puoi compilare il questionario di auto analisi riferito al marketing del tuo studio.

Si tratta di un modo veloce per renderti conto da solo da che livello parti.

Vai subito su

www.markedonzia.com/test

L'Autore

Corrado Lagona è l'autore del libro Markedonzia TM - "sala d'attesa piena per il tuo studio dentistico, senza abbattere i prezzi, anche se non sei un esperto di marketing" (CreateSpace 2016).

Allievo di Frank Merenda e appassionato di Marketing in continua formazione, lavora nel settore dell'odontoiatria digitale dal 2012.

E' l'ideatore di "**Leva**" il Primo sistema di Prima Visita Step by Step con il quale ha permesso ai suoi clienti di incrementare fino all'84% la chiusura di preventivi in fase di prima visita; e di **Dentista Differente**: il video corso che guida l'odontoiatra alla scoperta della propria idea differenziante".

Dal 2017 aiuta in prima persona i suoi clienti a trovare l'idea differenziante attraverso il metodo da lui ideato chiamato Sistema Markedonzia TM (www.SistemaMarkedonzia.com).

Ringraziamenti

Quando lavori per due anni ad un progetto come la stesura dei testi per un libro, le persone che hanno contribuito direttamente e indirettamente sono davvero tante e il rischio peggiore che potresti correre è quello di dimenticarne clamorosamente qualcuna (che farà bene poi a non parlarti per altri due anni).

Poiché volevo evitare quest'ipotesi, durante il 2018 mi sono appuntato in un taccuino gli uomini e le donne chiave senza le quali alcuni brani di questo libro non sarebbero potuti essere scritti o senza le quali non avrei potuto confezionare questo secondo volume per come lo vedi e leggi. Tuttavia, non escludo dimenticanze da ergastolo. Per questo mi scuso in anticipo con le persone interessate. Faccio tutto di fretta (o di notte)… siate indulgenti.

Allora inizio subito in ordine sparso.

Grazie di cuore al boss della Versilia Riccardo Del Sordo, disponibile e generoso come pochi.
A Marco Catanzano, Filippo Ederli e Riccardo Marsalli per la fiducia che dimostrate nei miei confronti. Spero di riuscirla a ripagare sempre.

Un grazie enorme va a Fabio Giusti per la sua leale collaborazione e per l'impegno che mette nel suo lavoro.

Un ringraziamento speciale lo porgo a Walter Devoto e Angelo Putignano per la loro estrema disponibilità a mettersi a disposizione nonostante i mille impegni. La loro prefazione mi ha lusingato enormemente.

Per la serie the last but not the least, un grazie con la G maiuscola alla mia fantastica moglie Eleonora che non smette mai di supportarmi/sopportarmi in mezzo alle mie mille attività come una complice dal gusto sopraffino. Senza il suo appoggio sarebbe tutto impossibile. Ma proprio tutto tutto.

Un ringraziamento particolare vorrei riservarlo ad una persona speciale dal cuore grande: grazie Rossella Di Liberti, sei parte della nostra famiglia.

Ringraziamenti Personali

Un ringraziamento particolare vorrei riservarlo ad una persona speciale dal cuore grande: grazie Rossella Diliberti, sei parte della nostra famiglia.

Michelangelo e Barbara Russo, voi con il libro non c'entrate nemmeno, ma con la famiglia si.
Vi vogliamo bene.

Giuseppe Parisi non ne esci vivo nemmeno tu. Non ce lo diciamo spesso, ma per noi sei un punto di riferimento.
Fabio, Mary, Davide e Sonia, anche voi lo siete.
Fortunatamente c'è la tecnologia che azzera le distanze.

E infine grazie alla mia Mamma. Chi lo avrebbe mai detto che avresti letto ben due libri di marketing in vita tua?

Vi ringrazio tutti di vero cuore

Corrado

LEVA
EDIZIONI